직장인을 위한 업무 활용법!

빙 & 챗GPT를 믹스Mix하라

앤미디어, 문택주, 이문형 지음

BM (주)도서출판 성안당

챗GPT4를 탑재한 검색엔진 기반의 마이크로소프트 빙과 문장 생성형 AI인 챗GPT는 직장인들의 업무에 유용하게 활용되고 있습니다. 빙과 챗GPT를 사용하는 기업과 개인의 수가 점차 증가하고 있으며, 창의적인 아이디어를 통해 활용 방법을 계속해서 확장하고 있습니다. 사용자들은 챗GPT와 빙 중에서 개인적인 선호도에 따라 선택하기도 하지만, 작업 목적에 따라 적합한 도구를 선택하거나 함께 사용하여 효율성을 극대화하는 것이 가장 좋은 방법입니다.

마이크로소프트 빙은 우수한 검색 능력과 사용자가 쉽게 놓칠 수 있는 연관 정보 제시, 이미지 검색, 문장 식별을 통해 사용자에게 다양한 정보 선택지를 제공하는 능력을 가지고 있습니다. 챗GPT는 문장 생성과 정리 능력에서 초급 직장인보다 뛰어나며, 방대한 자료를 생성, 정리, 축약하는 데 능숙합니다. 이러한 장점을 고려하여 다양한 정보를 기반으로 기획 아이디어나 보고서 등을 작성할 경우, 챗GPT를 활용하면 좋은 결과를 얻을 수 있습니다. 반면에 최신 정보 활용과 트렌드에 맞는 정보, 마이크로소프트 사의 이미지 크리에이터, 디자이너, 오피스와의 연계 작업을 필요로 할 때에는 빙이 더 유용할 수 있습니다.

이제는 다양한 앱과 프로그램 안에 챗GPT가 이식되어 프로그램 안에서 AI의 도움을 받을 수도 있습니다. 사용자가 작업물을 작성한 다음 AI의 도움을 받는 시대를 지나, 실시간으로 문서나 보고서, 프레젠테이션, 영상을 제작할 때 바로 옆에서 분업화하여 서포트 받는 단계로 발전하였습니다. 마치 비행기의 기장과 부기장의 관계처럼 서로 검토하고 보완하는 역할은 사용자와 AI 관계도 마찬가지이며, 앞으로 출시되는 AI 도구들도 작업의 시작부터 끝까지 그 과정을 같이하면서 완성된 결과물을 낼 수 있을 것입니다.

이 책은 다음과 같은 구성으로 이루어져 있습니다. PART 1에서는 확장성이 뛰어난 챗GPT와 최신 검색형 AI 빙의 설치부터 기본 사용법을 소개합니다. PART 2에서는 명확한 답변을 얻기 위한 프롬프트 활용 방법과 이미지 검색, 이미지 제작 등 결과물을 얻는 노하우를 안내합니다. PART 3에서는 기능을 업그레이드하여 필요한 정보에 쉽게 접근하는 방법을 소개합니다. PART 4와 PART 5에서는 직장인들의 업무에 도움을 주는 AI 도구를 활용하여 문서, 보고서, 프레젠테이션, 영상 제작, 엑셀 사용의 노하우를 제공합니다. 이 책을 통해 직장인들이 업무에 실질적인 도움을 얻을 수 있기를 바랍니다.

앤미디어

이 책에서 알려주는
빙&챗GPT, AI 도구 학습 로드맵

이 책의 구성에 맞게 빙과 챗GPT, AI 도구를 배우는 방법을 로드맵 형태로 소개합니다.
누구나 쉽게 업무에 활용 가능한 학습 로드맵을 확인해 보세요.

PART 1 업무 시작을 위한 빙과 챗GPT 도구 사용하기

1 빙&챗GPT 기본 설정법

빙과 챗GPT 계정 설정부터 가입, 설치 및 무료, 유료 업그레이드 방법, 다양한 실행 방법과 인터페이스를 소개합니다.

PART 01 SECTION · 03 ~ 04
PART 01 SECTION · 06 ~ 07

2 빙&챗GPT 유형 사용법

빙과 챗GPT의 특성에 맞는 자료 검색과 연관 정보, 링크, 이미지 검색과 제작 및 챗 GPT의 정보 얻는 유형 등을 소개합니다.

PART 01 SECTION · 01 ~ 02
PART 01 SECTION · 05

PART 5 문서와 프레젠테이션 실무 AI 협업 방법

홍보 영상 제작 작업 9

작업 과정부터 AI 도구를 이용하여 실시 간으로 도움을 받으면서 효율적으로 홍보 영상 제작 방법을 소개합니다.

PART 04 SECTION · 06

문서와 프레젠테이션 작업 8

문서나 보고서 작성, 프레젠테이션 작업 시 AI 도구로 실시간 협업 작업을 진행하 여, 완성도 있는 결과물 제작하는 방법을 소개합니다.

PART 04 SECTION · 01 ~ 05

3 검색형 빙의 질문과 답변 유형

검색형 빙의 답변을 최적화하기 위한 질문과 이미지 검색, 문서 스캔 기능으로 텍스트 사용 방법 등 빙의 특화된 기능의 답변 유형을 학습합니다.

PART 02 SECTION · 05 ~ 08

4 문장형 챗GPT의 질문과 답변 유형

챗GPT에게 명확한 단어로 구체적인 질문을 하여 원하는 답변을 얻는 프롬프트 사용 방법 등을 소개하여 챗GPT의 특화된 답변 유형을 학습합니다.

PART 02 SECTION · 01 ~ 04

PART 3 업무를 위한 빙과 챗GPT 기능 업그레이드하기

마이크로소프트 빙의 결과물을 더욱 돋보이게 하는 마이크로소프트의 빙 이미지 크리에이터, 빙 디자이너까지 사용 방법을 소개합니다.

PART 03 SECTION · 01

PART 03 SECTION · 05 ~ 09

PART 03 SECTION · 16 ~ 17

5

챗봇의 기능 이용한 작업

PART 4 마이크로소프트 빙 & 엑셀 활용하기

7 빙을 이용한 엑셀 사용 방법

엑셀을 업무에 쉽게 사용할 수 있도록 빙을 이용하여 엑셀 활용법을 소개합니다. 함수나 수식을 잘 모르더라도 엑셀을 활용할 수 있습니다.

PART 03 SECTION · 01 ~ 06

6 챗GPT를 이용한 기능 확장

질문의 주제를 쉽게 도출할 수 있게 하거나 주제를 더 심화하여 답변할 수 있도록 챗GPT의 필수 확장 프로그램 설치 및 사용법을 소개합니다.

PART 03 SECTION · 02 ~ 08

PART 03 SECTION · 10 ~ 14

업무에 따라 선택한다!
마이크로소프트 빙&챗GPT 활용법

직장인의 업무를 효율적으로 해결하기 위해 기존의 문제 해결 방식을 버리고, 빙과 챗GPT, AI 도구로 업무 방식을 바꿔 보세요. 이 책에서 새로운 오피스 활용법을 제시할 것입니다.

작업 특성에 맞게 빙과 챗GPT를 사용해
팀워크를 이뤄 업무를 손쉽게 해결해요.

▲ 마이크로소프트 빙은 챗GPT4를 사용하고, 검색엔진에 최적화되어 있어요. 25쪽 참조

▲ 빙은 질문에 대한 연관 정보와 이미지 검색, 이미지 제작까지 한번에 가능해요. 22쪽 참조

▲ 빙은 최신 정보를 검색하는 방식으로 정확한 정보를 제공해요. 88쪽 참조

▲ 문장 확장형 챗GPT와 검색형 빙을 사용 목적에 따라 효율적으로 선택해 사용해요. 18쪽 참조

▲ 빙에서는 AI 기능을 통해 외국어 회화를 마치 원어민과 대화하듯이 배워요. 117쪽 참조

오피스 업무에 최적화된 AI 도구에도 챗GPT가 내장되어 있어서 작업 과정에서 실시간으로 협업이 가능합니다. 이제 AI와 협업하여 최상의 결과물을 만들어 보세요.

이제 혼자가 아닌 업무 서포터 빙과 챗GPT, **AI 도구로 이렇게 협업해요.**

▲ 문서부터 이미지 제작, 홍보 이미지, 영상 제작까지 이제 AI와 협업해 보세요. 149쪽 참조

▲ 보고서 작업도 실시간으로 AI와 함께 협업 방식으로 완성된 문서를 작성해요. 242쪽 참조

▲ 문서는 AI 기능을 이용해 한번에 프레젠테이션 문서로 변환이 가능해요. 253쪽 참조

▲ 빙에서 알고 싶은 정보를 촬영하면, 자동 인식하여 정보 검색과 자료를 얻어요. 76쪽 참조

▲ 마이크로소프트 빙은 정확한 계산이 필요한 엑셀에 최적화되어 있어요. 164쪽 참조

이 책의 구성

빠르고 쉽게 마이크로소프트 빙과 챗GPT, 오피스 AI 도구를 이용하여 업무에 활용할 수 있도록 체계적인 구성을 제공하고 있습니다.

❶ 이론 구성

빙과 챗GPT를 효율적으로 사용하기 위한 질문 작성 요령부터 주제별 문답법을 이론으로 구성하였습니다.

❷ 빙과 챗GPT 프롬프트

사례에 맞게 빙과 챗GPT를 이용한 질문과 답변을 구분하여 표시하였습니다.

❸ 테마 이미지

각 챕터의 주제에 맞는 키워드를 넣어 Image AI 도구로 그린 그림을 제공합니다.

❹ 부연 설명

따라하기에 필요한 내용을 추가로 설명합니다.

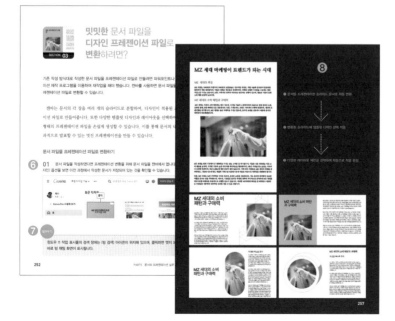

목차

PART 01

업무 시작을 위한 빙과 챗GPT 도구 사용하기

PART 02

최적의 작업 결과물을 위한 프롬프트 사용법

PART 03

업무를 위한 빙과 챗GPT 기능 업그레이드하기

PART 04

마이크로소프트 빙&엑셀 활용하기

PART 05

문서와 프레젠테이션 실무 AI 협업 방법

예제 파일 다운로드

1 성안당 홈페이지(www.cyber.co.kr)에 접속하여 회원가입한 뒤 로그인하세요.

2 메인 화면 중간의 (자료실)을 클릭한 다음 오른쪽 파란색 돋보기(🔍)를 클릭하면 나오는 검색 창에 '빙&챗GPT' 등 도서명 일부를 입력하고 검색하세요.

3 검색된 목록을 클릭하고 들어가 다운로드 창 안의 예제 파일을 클릭하여 다운로드한 다음 찾기 쉬운 위치에 저장하고 압축을 풀어 사용하세요.

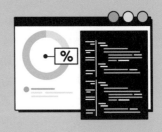

빙
BING

MICROSOFT

PART

업무 시작을 위한
빙과 챗GPT 도구 사용하기

마이크로소프트 빙과 챗GPT, 서로 다른 강점을 가진 대화형 인공
지능입니다. 문장을 작성하고 확장력이 뛰어난 챗GPT와 최신 검색과
검색 결과를 토대로 연관 정보와 링크, 이미지 제작까지 가능한 빙의
설치부터 기본 사용법을 알아봅니다.

업무 서포터, 웹용 AI 코파일럿 빙과 챗GPT 시작하기

빙과 챗GPT는 직장인들에게 다양하고 유용한 작업을 수행하는 데 도움을 줄 수 있습니다. 또한 일정 관리나 업무 조언, 기술 지원, 업무 프로세스 자동화, 비즈니스 정보 제공 등 다양한 작업을 수행하는 데 도움을 줄 수 있습니다.

많은 기업과 조직이 인공지능 기술을 활용하여 업무 협업을 개선하고 있으며, 빙과 챗GPT는 하나의 도구로 활용될 수 있습니다. 업무 현업이 가능한 이유는 빙이나 챗GPT는 인간이 사용하는 언어를 기계가 이해하고 분석할 수 있는 언어 처리 기술을 사용하기 때문입니다. 이를 통해 직장인은 업무에 관련된 정보나 조언을 얻을 수 있으며, 문제 해결이나 아이디어 도출에 도움을 받을 수 있습니다.

빙과 챗GPT는 직장인들에게 업무에 대한 시간과 노력을 줄여주며, 업무와 관련된 정보나 문서를 검색하고 필요한 데이터를 추출하고 재가공하는 데 도움을 줄 수 있습니다. 또한, 직장에서 발생하는 기술적인 문제에 대한 해결책이나 기술적인 가이드를 제공하며, 업무 프로세스를 자동화하고 비즈니스 관련 정보를 제공하여 의사 결정과 전략 수립에 도움을 줄 수 있습니다. 빙과 챗GPT는 개인화된 도움을 제공하여 사용

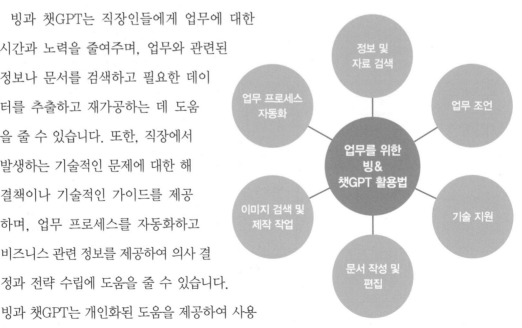

자의 요구에 맞춘 정보와 작업을 수행할 수도 있습니다. 다음은 빙과 챗GPT를 이용해 직장인들이 업무에 활용할 수 있는 방법을 소개합니다.

❶ 정보 및 자료 검색
빙과 챗GPT를 이용해 인터넷을 통해 다양한 정보와 자료를 검색할 수 있습니다. 업무와 관련된 최신 동향, 제품 정보, 통계 자료 등을 쉽게 찾을 수 있습니다. 이를 통해 직장인들은 의사 결정을 내리거나 전략을 수립하는 데에 도움을 받을 수 있습니다.

❷ 업무 조언
업무 관련 정보나 문서를 검색하거나 필요한 데이터를 추출하는 데 도움을 줄 수 있습니다. 예를 들어, 특정 프로젝트에 대한 문서나 리소스를 찾는 방법, 회사 내부 정책에 관한 질문에 대답하는 방법 등을 지원할 수 있습니다.

❸ 문서 작성 및 편집 작업
빙과 챗GPT는 문서 작성 및 편집에도 도움을 줄 수 있습니다. 업무 문서, 보고서, 이메일, 프레젠테이션 등을 작성하거나 수정할 때 필요한 정보나 문장 선택에 도움을 줄 수 있습니다.

❹ 이미지 검색 및 제작 작업
보고서나 프레젠테이션 작업 시 필요한 이미지를 검색할 수 있으며, 직접 콘텐츠에 맞는 이미지를 제작할 수도 있습니다.

❺ 업무 프로세스 자동화
빙과 챗GPT는 업무 프로세스를 자동화하는 데에도 활용될 수 있습니다. 예를 들어, 반복적인 작업이나 업무 흐름에 대한 자동화된 프로세스를 구축하는 방법에 대한 조언을 제공할 수 있습니다.

❻ 기술 지원
직장에서 발생하는 기술적인 문제에 대해 챗GPT와 빙은 도움을 제공할 수 있습니다. 예를 들어, 컴퓨터 문제 해결, 소프트웨어 사용법에 대한 질문에 답변하거나 기술적인 가이드를 제공하는 등의 역할을 할 수 있습니다.

이외에도, 챗GPT와 빙은 직장인들의 다양한 요구에 맞게 개인화된 도움을 제공할 수 있습니다. 그들은 사용자의 의도를 이해하고 특정 도메인에 대한 지식과 경험을 활용하여 필요한 정보를 제공하거나 작업을 수행하는 데 도움을 줄 수 있습니다.

챗GPT와 빙을
같이 사용해야 하는 이유는?

SECTION 02

인공지능 대화 파트너인 챗GPT와 정보 검색과 이미지 제작이 강점인 마이크로소프트 빙(Bing)을 사용 목적과 질문의 유형에 따라 효율적으로 사용하는 방법을 알아봅니다.

빙(Bing)은 마이크로소프트의 검색엔진인 빙을 기반으로 한 대화형 AI 플랫폼입니다. 빙은 사용자와의 대화를 통해 질문에 답변하거나 사용자의 언어를 이해하고 응답할 수 있으며, 사용자가 요청한 정보를 찾기 위해 웹 검색을 수행합니다. 또한 사용자가 요청한 정보를 제공하기 위해 다양한 형식의 콘텐츠를 생성할 수 있습니다. 마이크로소프트 빙은 사용자의 요청에 대한 답변을 제공하는 것 외에도, 사용자가 요청한 콘텐츠를 개선하거나 최적화하는 데 도움을 줄 수 있습니다.

챗GPT는 대규모 텍스트를 사용하여 다음 단어를 예측하도록 훈련되며, 문맥을 이해하고 문장을 생성하는 문장 생성형 AI 플랫폼입니다. 사전 훈련된 GPT 모델은 다양한 자연어 처리 작업에 활용할 수 있으며, 대화형 인터페이스와 같이 다양한 분야에서 활용될 수 있습니다.

검색형 AI인 빙과 문장 생성형 AI인 챗GPT는 같은 질문을 요청해도 답변의 방식은 서로 다릅니다. 다음은 동일한 질문을 챗GPT와 빙에게 물어보았습니다.

검색이 유리한 질문 유형

챗GPT

성수동의 맛집을 추천해 줘.

저는 최신 정보는 갖고 있지 않으므로 실시간으로 변동되는 맛집 상황에 대해서는 확인이 필요합니다. 성수동은 서울의 맛집이 많은 지역 중 하나이므로, 몇 가지 인기 있는 맛집을 추천해드리겠습니다.

- 꼬꼬스토리 : 닭갈비 전문점으로 유명하며, 매콤하고 풍부한 맛으로 유명합니다.

- 서울쌀국수 : 베트남 요리를 전문으로 하는 맛집으로, 쌀국수와 파프리카볶음밥 등을 맛볼 수 있습니다.

- 티바두마리 : 태국음식과 칵테일을 즐길 수 있는 곳으로, 매콤하고 향신료가 가미된 요리를 제공합니다.

- 이모네 언니네 : 현지 음식과 커피를 즐길 수 있는 카페이자 식당입니다. 분위기도 좋아 인기가 있습니다.

챗GPT의 정보는 일부 추천 사항일 뿐이며, 성수동에는 다양한 맛집이 있으니 찾아보고 실시간 리뷰와 개인의 취향 및 정보를 확인하여 방문하면 좋을 것입니다. 추가로, 온라인 리뷰 사이트나 음식 관련 앱을 통해 최신 맛집 정보를 얻을 수도 있습니다.

BING

성수동의 맛집을 추천해 줘.

 성수동 맛집으로는 마리오네, 미오도쿄다이닝, 지우관, 쿠나, 우오보파스타바, 프롤라, 높은산, 세스크멘슬, 차만다, 발렁스 등이 있습니다. **1**

이 중에서도 망고플레이트에서는 성수동 베스트 50곳 중 1위를 차지한 마리오네를 추천합니다. 마리오네는 이탈리아 요리 전문점으로, 식당 내부는 아늑하고 분위기가 좋습니다. 피자와 파스타가 맛있으며, 와인도 다양하게 판매하고 있습니다. **2**

> 답변 문장 위에 마우스 커서를 위치시키면 링크된 사이트가 표시되며, 해당 링크를 클릭하면 구체적인 답변을 검색할 수 있는 사이트로 이동합니다.

성수동 맛집 베스트 50곳 | 맛집검색...
https://www.mangoplate.com/top_lists/134...
당신의 맛있는 식사를 찾... 질 성수동베스트...

위 링크에서는 성수동 맛집 베스트 50곳을 확인할 수 있습니다. 참고하세요!

받은 메시지. 성수동은 최근 몇 년 간 인기 맛집과 카페, 전시 공간 등이 속속 생겨나면서 'MZ 세대의 놀이터' 이미지를 굳혔다고 합니다. 이 덕에 각 브랜드의 정체성을 알리고 MZ 세대와 소통하기에 더할 나위 없는 맛집이 생겨났습니다.

자세한 정보 : 1. mangoplate.com   2. siksinhot.com   3. a8181417.tistory.com
                4. siksinhot.com

결과는 최신 정보를 기반으로 빙이 정확하게 답변을 하였으며, 맛집 베스트를 확인할 수 있는 검색 사이트까지 제시합니다. 반면 챗GPT는 이전 정보를 제시하였으며, 자세한 정보는 실시간 리뷰와 개인의 취향 및 정보를 확인하여 방문하면 좋을 것 같다는 조언을 합니다.

문장 생성이 유리한 질문 유형

챗GPT

맛집을 찾는 이유를 알려줘.

맛집을 찾는 이유는 여러 가지입니다. 각자의 개인적인 이유와 취향에 따라 다를 수 있지만, 일반적으로 다음과 같은 이유로 맛집을 찾습니다:

1. 맛있는 음식의 경험 : 맛집은 훌륭한 음식을 제공하는 곳으로, 다양한 요리와 맛을 경험하고 새로운 맛을 발견할 수 있습니다. 맛있는 음식을 먹으며 즐거움을 느끼고 식사를 즐길 수 있습니다. 맛집을 찾는 이유에 대해 항목별로 자세하게 소개

2. 특별한 경험 : 맛집은 종종 독특하고 창의적인 음식, 분위기, 서비스 등으로 유명합니다. 특별한 날이나 기념일에 맛집을 찾아가면 기억에 남는 경험을 할 수 있습니다.

3. 지역 문화와 다양성을 경험 : 맛집은 종종 특정 지역의 음식 문화와 다양성을 잘 보여주는 곳입니다. 특정 지역의 전통 음식이나 현지 식재료를 맛볼 수 있어 지역의 문화를 체험할 수 있습니다.

4. 소셜 미디어의 유명한 음식점 탐방 : 소셜 미디어에서 인기 있는 맛집을 찾아 방문하는 것은 많은 사람들이 선택하는 방법 중 하나입니다. 인스타그램, 블로그 등에서 많은 사람들이 소개하는 맛집을 찾아보고 싶어하는 경우가 많습니다.

맛집을 찾는 이유는 개인에 따라 다르며, 위에서 언급한 이유 외에도 감정적인 연관성, 건강과 영양에 대한 관심 등이 있을 수 있습니다. 각자의 선호도와 목적에 맞게 맛집을 선택하고 방문하는 것이 중요합니다.

BING

맛집을 찾는 이유를 알려줘.

맛집을 찾는 이유는 다양합니다. 배가 고파서, 먹고 싶어서, 맛있는 음식을 먹으면 기분이 좋아져서, 맛있는 음식을 먹으면 스트레스가 풀리기 때문이라는 이유 등이 있습니다.

자세한 정보 : 1. bing.com   2. brunch.co.kr   3. ohmynews.com   4. fnnews.com

챗GPT는 인간의 언어 형식으로 문장을 만든 반면, 빙은 문장보다는 검색 사이트를 제시하였습니다. 이렇듯이 질문의 유형에 따라 선택하여 사용하는 것이 유리합니다. 이러한 특이점은 학습 방식의 차이기도 합니다. 챗GPT는 대규모의 텍스트 데이터를 사용하여 사전 학습되며, 이를 기반으로 생성된 모델은 추가적인 데이터 학습 없이도 작동할 수 있습니다. 반면 빙은 웹의 다양한 페이지와 정보를 크롤링하고 인덱싱하여 검색 결과를 제공하기 위해 별도의 알고리즘과 기술을 사용하기 때문입니다.

마이크로소프트 빙에서 정보를 얻는 7가지 유형

빙(Bing)은 다양한 정보를 제공하는 검색엔진 기반의 인공지능 챗봇입니다. 텍스트를 이용하여 질문에 대한 정보를 제공할 뿐만 아니라 연관 질문과 링크 페이지, 이미지 검색과 이미지 제작까지 다양한 방식으로 정보를 제공합니다.

❶ 질문과 답변을 심화하여 묻는 방식
　(마이크로소프트 빙)

빙도 챗GPT와 같이 기본적으로 입력창에 질문을 하면 텍스트 형태로 정보를 얻는 방식입니다. 질문에 대한 답변이 부족할 경우에는 추가로 답변에 대한 문장을 확장시켜 달라고 요청을 할 수도 있습니다.

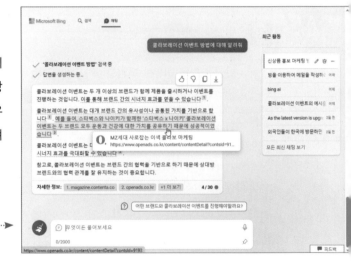

❷ 문장 링크, 자세한 정보 검색 링크로 정보
　사이트 이동

빙에서 작성한 문장은 링크 문장으로 구성되어 있습니다. 링크 문장은 주석 형식의 번호로 구성되어 있으며, 해당 문장이나 주석 번호를 클릭하여 관련 사이트로 이동합니다. 또한, 별도의 [자세한 정보] 옵션에서 관련 사이트 주소를 제시합니다.

❸ 연관 질문으로 묻는 방식

빙에서는 사용자의 질문에 답변을 제공하는 동시에, 연관된 질문을 제시하여 답변을 심화하거나 답변의 폭을 넓힐 수 있습니다. 이 말풍선을 사용자가 클릭하면 해당 질문에 대한 답변을 얻을 수 있습니다. 이러한 과정은 사용자의 궁금증을 해결하고 더 많은 정보를 제공할 수 있습니다.

❹ 이미지 검색 방식(마이크로소프트 빙 앱)

빙 검색엔진을 사용하여 이미지 검색을 할 수 있으며, 검색한 이미지의 정보를 얻을 수 있습니다. 또한, 문장 형식의 서류나 상품 설명 등 긴 문장을 스캔하여 텍스트화하여 파일로 저장하거나 공유할 수 있습니다.

❺ 이미지 제작 방식(마이크로소프트 이미지 크리에이터)

빙에서 이미지를 검색할 수 없는 경우에는 직접 이미지를 제작할 수도 있습니다. 빙 이미지 크리에이터 기능이 포함되어 있기 때문에 질문 입력창에 원하는 이미지 제작을 요청만 하면 됩니다.

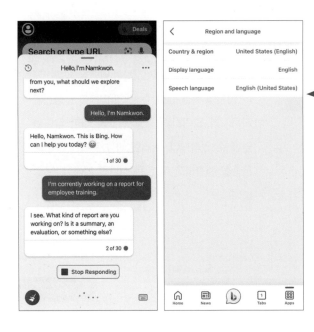

❻ 실시간 음성 인식 외국어 대화 방식 (마이크로소프트 빙 앱)

빙 앱을 이용하여 마치 외국인과 실시간 대화를 하듯이 영어 회화를 학습할 수 있습니다. 빙 앱을 사용하기 전에 지역과 언어를 설정하여 영어 회화를 시작해 보세요.

❼ 실무 이미지 디자인 제작 방식(마이크로소프트 디자이너)

마이크로소프트 디자이너를 이용하면 원하는 형태의 이미지를 이미지 편집 프로그램 없이 디자인이 가능합니다. 보고서 표지부터 배너 광고, 홍보 포스터 등 누구나 쉽게 실무 디자인 작업을 할 수 있습니다.

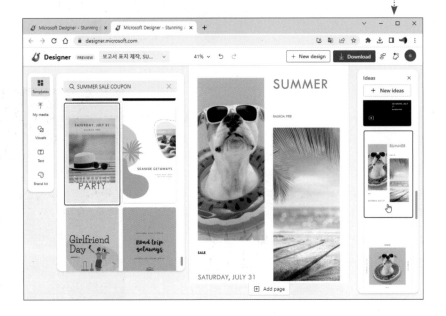

검색형 코파일럿 AI 빙
사용을 위한 가입&설정하기

빙을 사용하기 위해 마이크로소프트 계정을 이용하여 가입한 다음 내 PC나 스마트폰에서 빙을 사용하는 방법에 대해 알아봅니다.

마이크로소프트 빙(Bing)은 마이크로소프트가 개발한 웹 검색엔진 도구로, 사용자가 웹에서 정보를 검색할 수 있는 강력한 도구입니다. 사용자는 텍스트, 이미지, 동영상 및 지도 등 다양한 형식의 콘텐츠를 검색할 수 있습니다. 빙은 사용자가 더욱 정확하고 관련성 높은 결과를 얻을 수 있도록 검색 알고리즘을 지속적으로 개선하고 있습니다. 특히, 마이크로소프트 엣지 브라우저의 검색엔진을 이용하여 챗GPT4를 무료로 사용할 수 있습니다.

빙은 Open AI의 GPT-4와 같은 강력한 대형 언어 모델과 마이크로소프트의 방대한 검색 인덱스를 결합하여 다른 곳에서는 얻을 수 없는 최신의 정보를 대화형 검색 경험으로 제공합니다.

챗GPT4는 OpenAI 사이트에서 접속하여 사용할 경우 매월 20달러를 지불하는 유료 버전이지만, 마이크로소프트 엣지 브라우저를 이용하면 무료입니다. 마이크로소프트 사는 OpenAI에 투자하여 인공 일반 지능(AGI)을 구축하고 경제적 혜택이 널리 분산되도록 지원하고 있습니다. 또한 이 회사는 2023년 1월 23일에 발표한 성명에서 OpenAI와의 장기 파트너십의 세 번째 단계로 다년간 수십억 달러의 투자를 통해 AI 혁신을 가속화하여 이러한 혜택이 전 세계적으로 널리 공유되도록 지원할 수 있게 되었습니다.

빙을 사용하려면 먼저 마이크로소프트 엣지 브라우저를 설치해야 합니다. 빙 챗은 마이크로소프트 엣지에서만 실행됩니다. 윈도우11 사용자는 엣지 브라우저가 기본으로 설치되어 있기 때문에 별도로 엣지 브라우저를 설치할 필요는 없습니다. 만약 엣지 브라우저가 설치되어 있지 않다면 마이크로소프트 사의 다운로드 사이트(www.microsoft.com/ko-kr/edge/download)에서 엣지 브라우저를 설치합니다.

Windows

Windows에서 가장 적합한
엣지 브라우저

MacOS

맥에서도 원활하게 사용 가능한
엣지 브라우저

엣지 브라우저 상단에 빙 검색 아이콘을 클릭하여 환경 및 이미지 크리에이터 관련 약관을 확인 후 마이크로소프트 계정으로 로그인하면, 이제부터 빙 사용이 가능합니다. 빙을 사용하는 방법은 엣지 브라우저에 위치한 빙 검색 아이콘을 클릭하여 표시되는 작은 채팅 창에서 사용하는 방법과 빙닷컴(Bing.com)에 접속하여 챗GPT처럼 전체 화면에서 질문하고 답변을 얻는 방법이 있습니다.

웹용 AI 코파일럿 채팅 화면

엣지 브라우저 검색 채팅 화면

엣지 브라우저의 채팅창에서 빙 실행하기

01 ┃ 윈도우에서 〔시작〕 아이콘을 클릭한 다음 마이크로소프트 엣지 브라우저를 선택합니다.

알아두기

윈도우11 작업 표시줄의 검색 창에는 〔빙 검색〕 아이콘이 위치해 있으며, 클릭하면 엣지 브라우저가 실행되어 바로 빙 채팅 화면이 표시됩니다.

02 ┃ 마이크로소프트 엣지 브라우저가 실행되면 오른쪽 상단에 위치한 〔빙 검색〕 아이콘을 클릭합니다.

03 │ 빙 대화형 환경 및
이미지 크리에이터 관련 약관
이 표시됩니다. (로그인) 버튼
을 클릭합니다.

04 │ (사용자 본인인지 확인) 창이 표시되면
윈도우 설치 시 마이크로소프트 계정의 로그인
PIN 번호를 입력합니다.

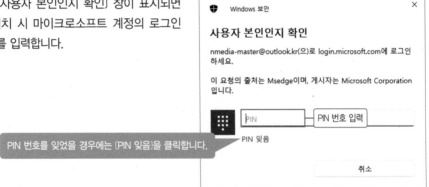

05 │ 마이크로소프트 계
정으로 로그인되면, 이제부터
빙 사용이 가능합니다. (빙 검
색) 아이콘을 클릭합니다.

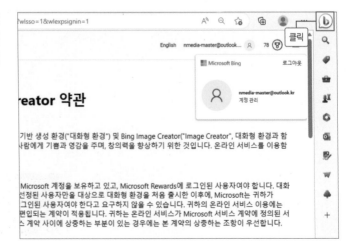

06 | 질문에 대한 답변의 정확성과 창의성 균형을 설정합니다. 기본으로 (균형 잡힘)으로 설정되어 있는 것을 확인할 수 있습니다.

07 | 하단 입력창이 표시됩니다. 테스트하기 위해 '안녕! 이제부터 너를 빙챗으로 부를게'를 입력하고 [Enter]를 누르거나 [▶] 아이콘을 클릭합니다.

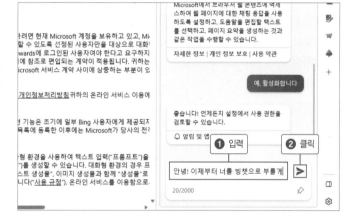

08 | 빙의 답변이 표시됩니다. 예시 질문이 표시되며, 하단에 입력창이 다시 표시됩니다. 이제부터 빙으로 자유롭게 질문하여 답변을 얻어보세요.

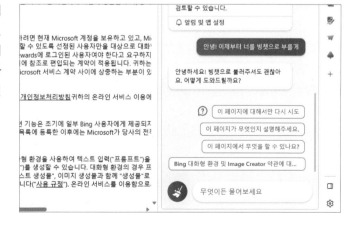

엣지 브라우저에서 채팅 시작하기

01 │ 엣지 브라우저를 실행한 다음 주소창에 'bing.com'을 입력하여 빙닷컴 사이트로 이동합니다. 상단의 (채팅) 메뉴를 클릭합니다.

02 │ 빙 채팅 화면이 표시됩니다. 질문에 대한 정확성과 창의성 균형을 설정한 다음 입력창에 질문을 입력하여 빙을 사용합니다.

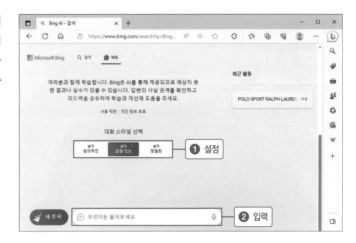

구글 브라우저에서 빙 실행하기

01 │ 구글 브라우저의 주소창에 'bing.com'을 입력하여 빙닷컴 사이트로 이동합니다. 구글 브라우저 상단의 (채팅) 메뉴를 클릭합니다.

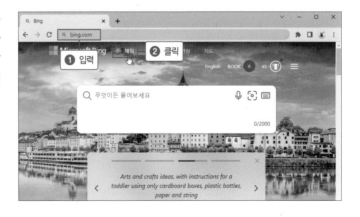

02 │ 채팅 모드는 마이크로소프트 엣지에서 대화형 검색 잠금 해제가 가능하다는 화면이 표시되면 〔Microsoft Edge에서 열기〕 버튼을 클릭합니다.

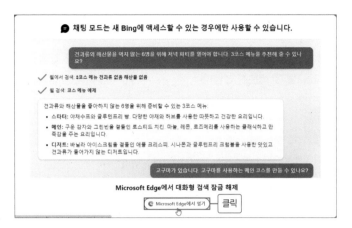

03 │ 'Microsoft Edge을(를) 여시겠습니까?'라고 묻는 대화상자가 표시되면 〔Microsoft Edge 열기〕 버튼을 클릭합니다.

04 │ 그림과 같이 마이크로소프트 엣지 브라우저가 실행되면서 빙 채팅창이 표시됩니다. 하단의 입력창에 질문을 입력하여 빙의 답변을 얻을 수 있습니다.

알아두기

빙은 마이크로소프트 사에서 개발한 검색엔진입니다. 빙은 마이크로소프트 엣지 브라우저에서 기본 제공되는 유일한 검색엔진입니다. 따라서 엣지 브라우저를 사용하면 빙을 사용할 수 있습니다.

스마트폰에서 빙 설정하기

01 │ 앱스토어에서 'Bing : Chat with AI & GPT' 앱을 검색한 다음 〔열기〕 버튼을 탭합니다.

알아두기

빙 앱에서 그림을 요청하면 바로 그림 결과물을 제시합니다.

02 │ 빙 초기 화면이 표시되면 빙을 시작하기 위해 〔시작하기〕 버튼을 탭하고 하단의 〔빙 검색〕 아이콘을 탭합니다.

03 | 로그인하기 위해 〔로그인 후 참가〕 버튼을 탭하고 마이크로소프트 계정을 선택한 다음 〔로그인〕 버튼을 탭합니다.

04 | 이제부터 빙을 사용하기 위해 대화 스타일을 선택합니다. 기본 설정은 〔균형 있는〕으로 선택되어 있습니다. 입력창이 표시되며, 질문을 입력하면 빙의 답변을 확인할 수 있습니다.

빙에서 음성으로 묻고 음성으로 답변 받기

01 | 스마트폰 홈 화면에서 (빙) 아이콘을 탭하여 실행합니다. 빙 홈 화면으로 이동하면 화면 하단의 (빙 검색) 아이콘을 탭합니다.

02 | 채팅 화면이 표시되면 (마이크) 아이콘을 탭한 다음 음성으로 질문합니다. 음성으로 질문하면 '듣고 있어요'라고 표시되면서 질문이 입력되는 상태가 됩니다.

03 | 음성으로 질문하면 바로 음성으로 답변하며, 문장으로도 화면에 표시됩니다. 오른쪽 하단의 [키보드] 아이콘을 탭하면 문자로 입력하는 키보드가 표시되며, 문자로 질문을 입력할 수 있게 변경됩니다.

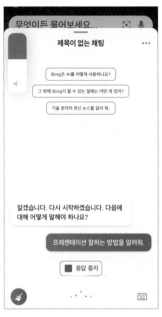
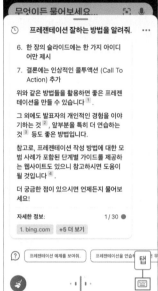

알아두기 챗GPT 앱과 비교하기

챗GPT 무료 버전(GPT-3.5)을 사용하는 경우 음성으로 질문을 해도 문장으로만 답변을 받을 수 있습니다.

빙 Bing,
어떻게 생겼을까?

SECTION 05

마이크로소프트 빙을 사용하기 위한 화면 구성에 대해 알아봅니다. 챗GPT처럼 별도의 윈도우 창으로 사용할 수 있으며, 엣지 브라우저의 검색 화면과 채팅 화면을 동시에 사용할 수 있습니다.

마이크로소프트 빙은 인공지능 기술을 활용한 검색엔진입니다. 사용자가 원하는 답을 찾아주고 요약해 주는 완성형 답변도 제공하며, 복잡한 검색을 위해 대화형 채팅 형태로 제공됩니다. 대화의 스타일 옵션에 따라 창의적인 답변과 균형적인 답변, 보다 정밀한 답변 스타일을 얻을 수 있습니다.

빙 채팅을 실행하면 채팅 화면이 표시되며, 화면 화단에 질문을 입력하는 입력창과 오른쪽 화면에는 이전 질문 항목이 위치해 있습니다. 빙이 제시하는 답변 창에는 생성된 답변과 연관 질문과 자세한 정보를 링크 형식으로 제공합니다.

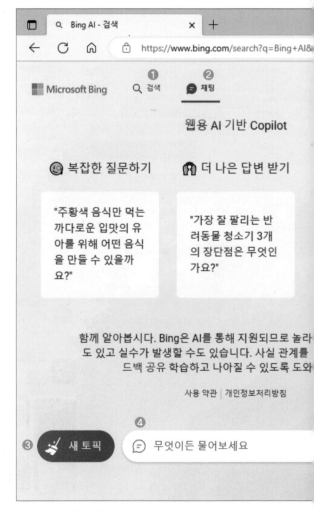

Bing.com의 채팅 화면

❶ **검색** : 마이크로소프트 엣지 브라우저의 웹 검색 화면이 표시됩니다.

❷ **채팅** : 사용자의 질문과 답변을 얻을 수 있는 빙 채팅 화면이 표시됩니다.

❸ **새 토픽** : 기존의 질문과 답변을 화면에서 제거하며, 새로운 주제로 질문할 때 사용합니다.

❹ **입력창** : 사용자가 빙에게 질문을 하기 위한 입력창입니다. 질문을 입력한 다음 Enter를 누르거나 마이크가 입력되어 있다면 (마이크) 아이콘을 클릭하여 음성으로 질문합니다.

❺ **최근 활동** : 최신 채팅 항목을 순서대로 표시합니다.

❻ **최근 활동 수정 옵션** : 항목에 마우스 커서를 위치시키면 표시되는 편집 아이콘을 이용하여 이름을 수정하거나 삭제가 가능합니다.

❼ **답변 옵션** : 답변에 대한 '좋아요', '싫어요' 표시를 하거나 답변을 복사, PDF 또는 텍스트, 워드 파일로 내보내기, SNS나 전자 메일로 공유할 수 있습니다.

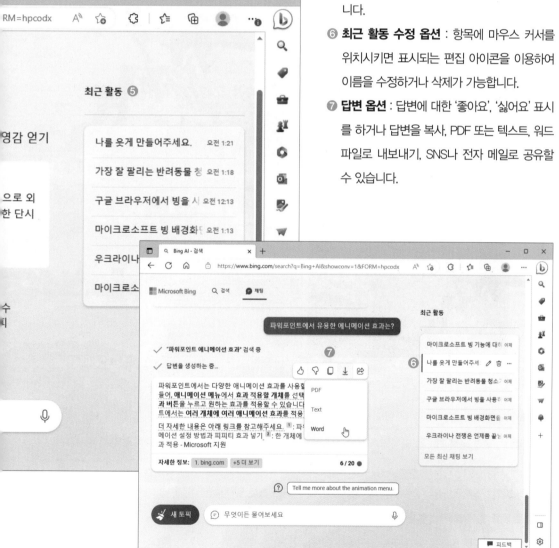

엣지 브라우저 검색 채팅 화면

엣지 브라우저의 오른쪽 상단의 [빙 검색] 아이콘을 클릭하면 웹 검색 화면과 빙 채팅 화면을 동시에 사용할 수 있습니다.

빙 검색 채팅 화면

❶ **채팅** : 사용자의 질문과 답변을 얻을 수 있는 빙 채팅 화면이 표시됩니다.

❷ **작성** : 빙의 AI 생성 기능을 이용해 문서를 작성해 주는 화면이 표시됩니다. 문서의 목적에 맞게 문서 형식부터 톤, 길이 등을 설정할 수 있는 옵션을 제공합니다.

❸ **미리 파악** : 엣지 브라우저에서 검색한 웹사이트의 사이트 정보 및 사이트 평가, 분석, 방문자 출처와 경로, 지도 등을 파악합니다.

❹ **새 토픽** : 새로운 질문을 묻기 위해 화면에서 답변을 제거합니다.

❺ **작성 주제** : 작성하려는 문장의 주제를 입력합니다.

❻ **톤** : 답변의 톤을 전문가나 캐주얼, 열정적, 콘텐츠 형으로 설정이 가능합니다.

❼ **형식** : 단락 형식이나 전자 메일, 블로그 게시물, 아이디어 항목의 초판을 작성합니다.

❽ **길이** : 답변의 문장 길이를 짧게, 또는 보통, 길게 조정합니다.

❾ **미리 보기** : 빙이 작성한 콘텐츠를 표시합니다.

❿ **재시작** : 처음 시작 화면으로 재시작합니다.

⓫ **대화 스타일** : 3가지 대화 스타일을 제시하며, 대화 스타일에 따라 버튼과 배경 화면 색상이 변경
됩니다.

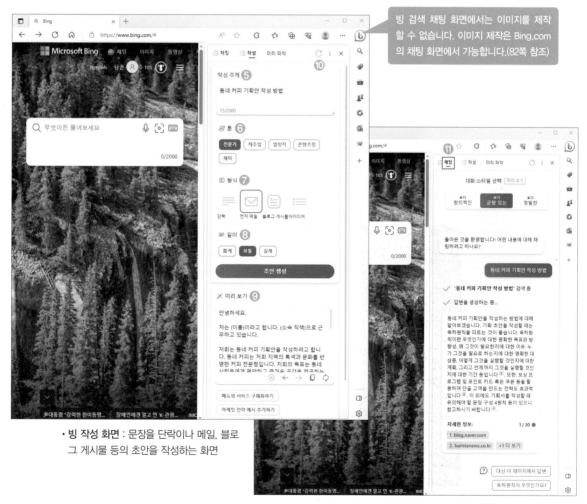

빙 검색 채팅 화면에서는 이미지를 제작
할 수 없습니다. 이미지 제작은 Bing.com
의 채팅 화면에서 가능합니다.(82쪽 참조)

• 빙 작성 화면 : 문장을 단락이나 메일, 블로
  그 게시물 등의 초안을 작성하는 화면

• 빙 채팅 화면 : 질문과 답변 방식으로 문장을 생성하는 화면

챗GPT에서 정보를 얻는 3가지 유형

챗GPT는 텍스트 형태로 정보를 제공하므로, 기본적으로 질문하고 답변을 받는 방식으로 정보를 얻습니다. 다만 특정 웹사이트, 뉴스 기사, 학술 자료 등에 대한 직접적인 링크를 제공할 수는 없습니다. 이러한 단점을 보완하기 위해 구글 확장 프로그램이나 템플릿을 사용하여 보다 정확하고 섬세한 답변을 얻을 수 있습니다.

❶ 질문과 답변을 심화하여 묻는 방식

챗GPT는 질문과 답변하는 방식으로 텍스트 형태로 정보를 얻는 방식입니다. 이미지나 웹사이트, 동영상 요소를 직접 얻을 수는 없지만, 특정 주제에 대한 검색어나 참고 자료 추천 및 심화하여 질문하는 방식을 통해 추가 정보를 얻을 수 있습니다.

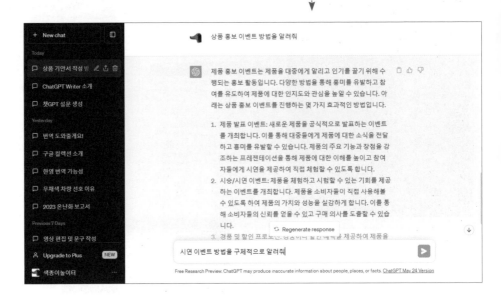

❷ 확장 프로그램으로 옵션을 추가하여 묻는 방식

효율적인 챗GPT 사용을 위해 구글 웹 스토어에서 원하는
기능을 설치하여 정보를 더 디테일하게 접근할 수 있는 방식
입니다. 사용자의 작업 방식에 따라 확장 프로그램을 추가
설치하거나 삭제하면서 작업 효율성을 높일 수 있습니다.

❸ 주제별 특화된 템플릿을 이용하여 묻는 방식

챗GPT에 최적화된 템플릿을 제공하는 AIPRM 프로그램은
판매나 마케팅, 예술, 프로그래밍 등 다양한 분야의 질문에
대한 답변을 할 수 있도록 구성되어 있습니다. 원하는 분
야의 템플릿을 선택한 다음 질문하면 좀 더 세분화되고 정
확한 답변을 얻을 수 있습니다.

챗GPT 사용을 위한
가입 & 설정하기

SECTION 07

챗GPT를 사용하기 위해 계정을 이용하여 가입한 다음 내 PC나 스마트폰에서 챗GPT 사용 방법에 대해 알아봅니다.

챗GPT와 대화를 하려면 일반적인 채팅 프로그램이나 메신저 앱을 사용할 필요 없이, 웹 브라우저를 이용해서 챗GPT 웹사이트에 접속하면 됩니다. 챗GPT는 인공지능 기술을 이용한 대화형 챗봇으로, 따로 설치할 필요가 없습니다. 챗GPT와 대화를 하기 위해서는 인터넷에 연결된 기기와 브라우저만 있으면 됩니다. 스마트폰에서도 챗GPT를 사용할 수 있으며, 웹 브라우저나 사파리(Safari) 앱으로 접속하여 이용합니다. 챗GPT 기능을 사용할 수 있는 옵션이 추가된 API(서로 다른 소프트웨어 시스템이 상호 작용하고 데이터를 주고받을 수 있도록 설계된 인터페이스)가 확장되면 다양한 앱에서도 챗GPT를 사용할 수 있을 것입니다.

챗GPT는 무료 버전인 GPT-3.5가 2022년 11월 말에 나왔으며 이후 유료 버전인 GPT-4가 4개월만에 전격 발표되었습니다. 먼저 무료 버전인 GPT-3.5를 설정한 다음 GPT-4를 업그레이드하여 두 버전을 선택적으로 사용할 수 있도록 구성합니다.

PC에서 챗GPT 실행하기

01 | 구글 검색 창에 'chatgpt'라고 입력한 다음 검색된 항목에서 Openai.com에서 제공하는 블로그 항목인 'Introducing ChatGPT - OpenAI'를 클릭합니다.

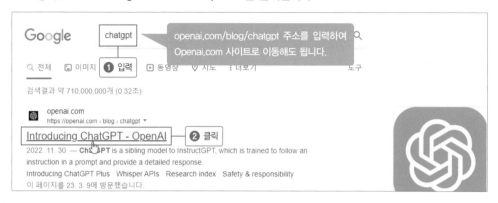

02 | Introducing ChatGPT 화면이 표시되면 화면 하단의 (Try ChatGPT) 버튼을 클릭합니다.

알아두기 챗GPT 추천 웹 브라우저

챗GPT를 사용할 때 추천하는 웹 브라우저는 최신 웹 표준과 기술을 지원하는 웹 브라우저입니다. 주요 웹 브라우저들 중 하나를 사용하는 것이 좋습니다. 이러한 브라우저는 일반적으로 높은 호환성, 성능 및 보안 기능을 제공합니다. 원활한 사용자 경험을 위해 항상 브라우저를 최신 버전으로 유지하는 것이 좋습니다.

❶ 구글 크롬(Google Chrome)　　❷ 마이크로소프트 엣지(Microsoft Edge)　　❸ 애플 사파리(Apple Safari)

03 │ 챗GPT에 가입하기 위해 (Sign up) 버튼을 클릭합니다.

> 기본으로 설치되는 챗GPT는 무료 버전인 3.5 버전입니다. 유료 버전인 챗GPT 4 버전의 경우에는 무료 버전 설치 후 추가로 설치하는 것이 좋습니다.

04 │ 계정을 만들 것인지 묻는 대화 상자가 표시됩니다. 새로운 계정을 만들거나 구글 계정이 있다면 (Continue with Google) 버튼을 클릭합니다.

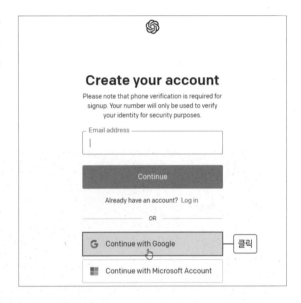

알아두기 정보 메뉴

최신 버전의 챗GPT에 대한 정보를 얻기 위해서는 화면 상단의 'Menu'를 클릭한 다음 팝업 메뉴에서 원하는 항목을 선택합니다.

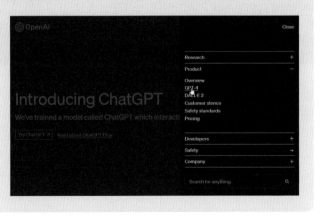

05 │ 계정 선택 대화상자가 표시되면 구글 계정에서 선택할 계정을 클릭합니다.

06 │ 본인 확인을 위해 전화번호를 입력한 다음 [Send code] 버튼을 클릭합니다.

07 │ 스마트폰으로 인증 코드가 전송되면 코드 입력창에 코드를 입력합니다.

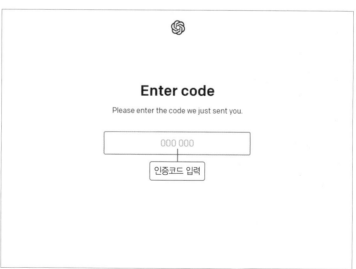

08 │ 그림과 같이 챗GPT 메인 화면이 표시되며 하단에 질문 입력창이 보입니다. 이제 챗GPT 사용이 가능합니다.

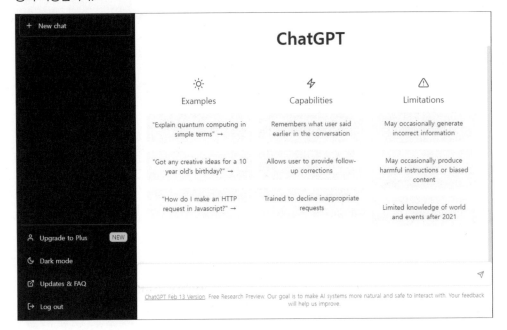

09 │ 입력창에 간단하게 인사를 입력합니다. 챗GPT로부터 답변이 표시되면 제대로 설정이 완료된 것입니다.

챗GPT 앱 설치하기

01 스마트폰에서 챗GPT를 사용하기 위해 앱스토어에서 ChatGPT를 검색한 다음 〔받기〕 버튼을 탭합니다. 앱이 설치되면 챗GPT 앱을 탭하여 실행합니다.

02 로그인 계정을 설정하기 위해 다양한 계정 설정 방법을 표시합니다. 예제에서는 구글 계정을 사용하기 위해 〔Continue with Google〕 버튼을 탭하고 로그인 화면에서 메일을 입력한 다음 〔다음〕 버튼을 탭했습니다.

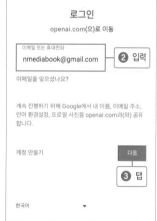

03 비밀번호를 입력한 다음 〔다음〕 버튼을 탭합니다. 2단계 인증 화면이 표시되면서 유튜브 앱을 실행하면 메시지 화면을 탭하여 본인 인증을 요청합니다.

04 | '로그인을 시도하고 계신가요?'라는 메시지 화면이 표시되면 〔예, 본인이 맞습니다〕 버튼을 탭합니다. 챗GPT 앱이 실행됩니다.

05 | 입력창에 질문을 입력하면 챗GPT의 답변을 얻을 수 있습니다.

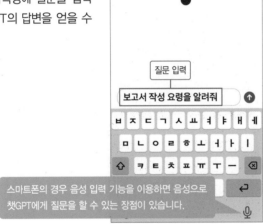

스마트폰의 경우 음성 입력 기능을 이용하면 음성으로 챗GPT에게 질문을 할 수 있는 장점이 있습니다.

06 | 챗GPT의 답변을 길게 탭하면 팝업 메뉴가 표시되며, 여기에서 답변을 복사하거나 선택, 동일한 질문으로 다시 답변을 받을 수 있습니다.

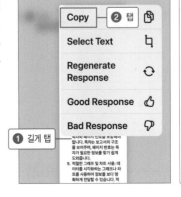

를 사용하세요. 이를 통해 독자가 정보를 빠르게 파악할 수 있습니다. 그러나 그림과 표는 보충적인 정보를 제공하며, 중요한 내용을 대체해서는 안 됩니다.

7. 논리적인 흐름: 보고서는 논리적인 흐름을 가져야 합니다. 섹션과 단락은 논리적으로 연결되어야 하며, 정보와 주장은 일관성을 유지해야 합니다. 서론에서는 주요 목표와 배경을 제시하고, 본론에서는 자세한 내용과 분석을 제공하며, 결론에서는 결과와 권고 사항을 요약해야 합니다.

8. 편집과 교정:

챗GPT
어떻게 **생겼을까?**

챗GPT는 질문을 입력하는 입력창부터 대화를 처리하는 채팅창을 통해 답변을 생성합니다. 다양한 주제에 대해 대화를 나눌 수 있으며, 사용자의 질문이나 요청에 응답하고 다양한 정보를 제공할 수 있는 챗GPT 인터페이스에 대해 알아봅니다.

챗GPT는 대화형 언어를 사용하기 때문에 자연스러운 대화를 나누며 다양한 질문에 답변하거나 정보를 제공할 수 있는 텍스트 입력식 프롬프트를 제공합니다. 사용자는 텍스트 대화를 통해 정보 검색, 문제 해결, 조언 구하기 등 다양한 목적을 가진 질문을 텍스트 형태로 입력합니다. 챗GPT 인터페이스는 PC의 웹 브라우저뿐만 아니라 모바일 앱에서도 통합 인터페이스를 제공합니다.

챗GPT를 실행하면 시작 화면이 표시되며, 왼쪽 패널에는 새로운 대화를 위한 옵션과 대화 목록, 유료 챗GPT 설정, 다크 모드 등이 위치해 있습니다. 오른쪽 화면에는 챗GPT를 이용하기 위한 입력창과 사례, 기능, 제한 사항 등을 소개하고 있습니다.

❶ New chat(➕)

새로운 대화를 시작하는 기능입니다. 이 옵션을 선택하면, 챗GPT와 새로운 대화를 시작할 수 있습니다. 새로운 대화를 시작하면 챗GPT는 새로운 사용자와의 대화를 위해 초기 설정을 수행합니다. 옵션은 기존의 대화 내용과는 독립적으로 새로운 대화를 시작할 수 있도록 해 주는 기능입니다.

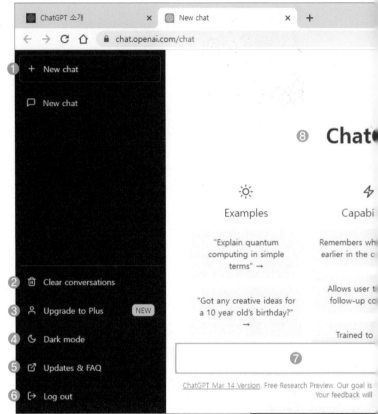

Light Mode

❷ Clear conversations(🗑)

이전 대화 내용을 모두 지울 수 있습니다. 이는 대화 기록을 깨끗하게 유지하고, 보안 및 개인정보 보호를 할 수 있습니다.

❸ Upgrade to Plus(👤)

챗GPT 업데이트 및 관리 결제 등을 제공하며, 사용자가 자주 묻는 질문과 그에 대한 답변을 제공합니다. 챗GPT Plus는 매월 20달러를 지불하며, 반응 속도 면에서는 무료 챗GPT보다 빠릅니다.

❹ Dark mode(🌙)

밝은 화면 대신 어두운 배경과 밝은 글씨로 구성된 화면을 제공하는 기능입니다. 기본적으로 밝은 화면에서 글씨를 읽는 것은 눈에 부담이 되고 오랫동안 사용할 경우 시력에도 영향을 미칠 수 있습니다. 어두운 배경에 밝은 글씨를 사용하는 Dark mode는 눈의 피로를 줄여주고 사용자들에게 더욱 편안함을 제공합니다.

❺ Updates & FAQ(📄)

챗GPT에 대한 기사 검색 창을 표시합니다. 챗GPT와 관련된 최신 기사와 자주 묻는 질문과 답변을 확인할 수 있습니다.

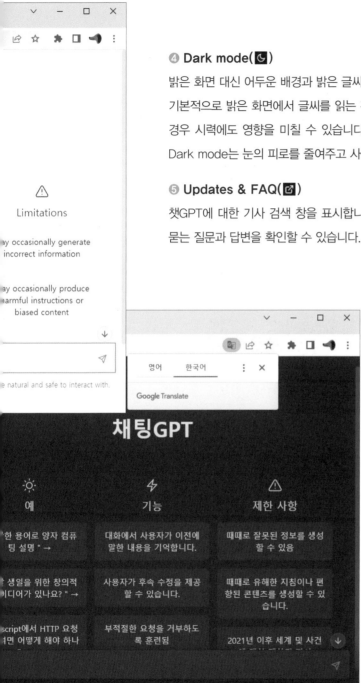

Dark Mode

❻ Log out(🔚)

사용자가 현재 로그인된 계정에서 로그아웃하고 다른 계정으로 로그인할 수 있도록 해 주는 기능입니다. 로그아웃 기능을 사용하면 사용자는 개인정보와 같은 중요한 정보가 타인에게 노출되는 것을 방지할 수 있습니다.

❼ 입력창

챗GPT에게 질문을 입력하는 입력창입니다. 질문을 입력한 후 Enter를 누르거나 〔◁〕 아이콘을 클릭합니다.

❽ ChatGPT 알림 창

챗GPT 사용 예시와 기능, 제한 사항 등을 제시합니다. 챗GPT를 사용하기 전에 간단하게 확인하세요.

챗GPT-4 사용을 위한 업그레이드를 하려면?

SECTION 09

챗GPT-4는 더 복잡한 작업을 처리하고 더 정확한 응답을 생성할 수 있는 버전으로, 이전 무료 버전인 챗GPT-3.5보다 안정적으로 사용이 가능합니다. 챗GPT-4의 업그레이드 방법과 유료 결제, 결제 취소 방법에 대해 알아봅니다.

GPT-4는 새롭게 업그레이드된 버전으로, 대량의 텍스트 데이터로 학습되어 보다 빠르고 안정적으로 자연스러운 문장 생성이 가능합니다. 이전 버전에서는 장문의 긴 문장으로 질문할 경우 오류가 발생할 수 있었지만, GPT-4에서는 최대한 2만 5천 개의 단어까지 입력이 가능합니다. 향후에 이미지 업로드 기능을 쉽게 사용할 수 있도록 추가되어 이미지에 대한 정보와 자료를 이용할 수 있을 것입니다.

GPT-4로 업그레이드하기

01 | GPT-4로 업그레이드하기 위해 (Upgrade to Plus)를 클릭하면 결제를 위한 챗GPT 플랜 대화상자가 표시됩니다. ChatGPT Plus의 (Upgrade plan) 버튼을 클릭합니다.

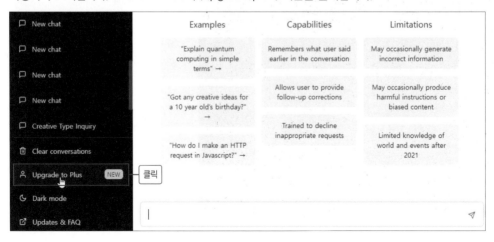

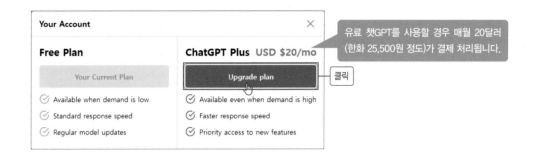

유료 챗GPT를 사용할 경우 매월 20달러 (한화 25,500원 정도)가 결제 처리됩니다.

02 | 결제를 위한 카드 정보 입력창이 표시되면 카드 정보와 청구 주소를 입력합니다. 카드 저장을 묻는 대화상자가 표시되면 [저장] 버튼을 클릭합니다.

알아두기 챗GPT-4의 장점

챗GPT-4 버전은 OpenAI가 2023년 3월 14일 발표한 유료 버전의 챗GPT입니다. 장점은 다음과 같습니다.

❶ **대규모 데이터 학습** : GPT-4는 방대한 양의 데이터를 학습하여 다양한 주제와 맥락에서 정확한 정보를 제공할 수 있습니다. 장문 기준 2만 5천 개의 단어까지 입력이 가능합니다.

❷ **안정적인 응답 속도** : 사용자가 챗GPT를 가장 많이 사용하는 시간에도 빠르게 답변을 제공하여 안정적으로 사용할 수 있습니다.

❸ **고품질의 문장 생성** : GPT-4는 자연스러운 문장을 생성하며, 문법적으로 올바르고 일관성 있는 텍스트를 작성할 수 있습니다.

❹ **문장의 맥락 이해 능력** : 이전의 대화 및 주제와 관련된 맥락을 이해하여 적절한 응답을 생성할 수 있습니다.

03 │ 카드 결제에 대한 유의사항을 확인하고 체크 표시한 다음 (구독하기) 버튼을 클릭하여 결제를 완료합니다. GPT-4로 업그레이드된 메시지가 표시되면 (Continue) 버튼을 클릭합니다.

04 │ GPT-4에 대한 소개 화면이 표시됩니다. 빠른 응답과 복합적인 명령어, 보다 창의적인 답변을 얻을 수 있는 GPT-4를 실행하기 위해 (Try GPT-4) 버튼을 클릭합니다.

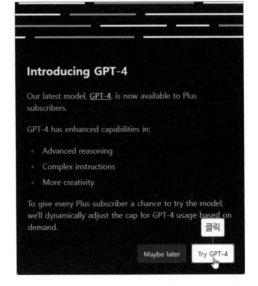

> **알아두기** Default GPT-3.5와 Legacy GPT-3.5의 차이점
>
> Default GPT-3.5는 OpenAI에서 최신으로 개발한 GPT-3.5 모델을 의미합니다. 이 모델은 GPT-3 모델의 개선 버전으로, 더욱 강력한 자연어 처리 능력을 갖추고 있습니다. Legacy GPT-3.5는 이전에 사용되었던 GPT-3 모델 또는 이전 버전의 GPT-3.5 모델을 의미합니다.

05 | 화면 상단에 Model 팝업 창이 표시됩니다. 여기에서 GPT-4와 GPT-3.5 버전을 선택하여 사용이 가능합니다.

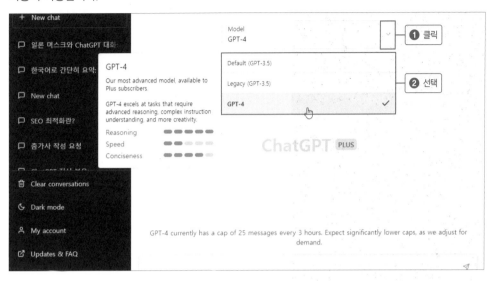

유료 결제 플랜 취소하기

01 | 매월 구독 형식의 결제 플랜을 취소하기 위해서는 챗GPT 왼쪽 메뉴에서 (My account)를 클릭합니다. 구독 관리 화면에서 (Manage my subscription)을 클릭합니다.

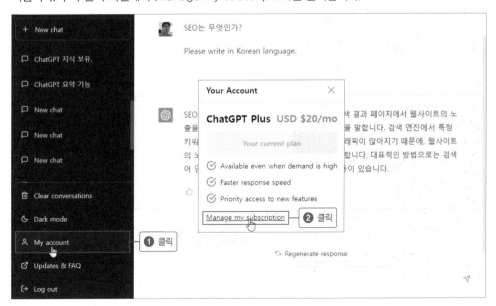

02 | 현재 결제 플랜을 알려주는 화면이 표시됩니다. 자신의 결제 플랜 및 카드 정보 등이 표시되며, 플랜을 취소하기 위해 [플랜 취소] 버튼을 클릭합니다.

03 | 플랜이 취소되는 시점을 알리는 메시지가 표시되면 [플랜 취소] 버튼을 클릭하여 결제 플랜을 취소합니다.

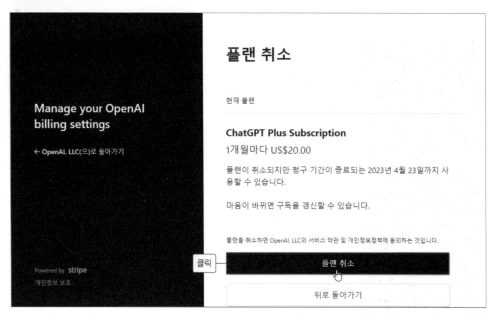

04 │ 현재 플랜이 〔취소됨〕으로 표시되었습니다. 매월 결제 플랜이기 때문에 결제를 취소해도 1개월씩 사용 기간을 산정하기 때문에 남은 플랜 기간 동안에는 GPT-4를 사용할 수 있습니다. 플랜이 취소되는 날짜는 화면에 표시됩니다.

알아두기 플랜 갱신하기

만약 취소한 결제 플랜을 다시 갱신하려면 〔플랜 갱신〕 버튼을 클릭합니다.

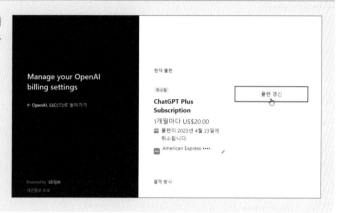

알아두기 챗GPT 답변이 중간에 끊기는 경우

- **트래픽 문제** : 트래픽이 많은 경우에는 챗GPT와 같은 시스템이 응답이 느려지거나 끊길 수 있습니다. 대화 시스템은 일정 수의 동시 사용자나 요청을 처리할 수 있는 한계가 있으며, 트래픽이 이 한계를 초과하면 성능 저하가 발생할 수 있습니다. 이는 사용자가 대화 중에 연결이 끊기는 것과 같은 현상으로 나타날 수 있습니다.

- **긴 문장** : 챗GPT는 지속적인 대화를 지원하도록 훈련되었으나, 때로는 문맥을 유지하는 데 어려움을 겪을 수 있습니다. 입력 문장이 이 제한을 초과하면, 그 부분이 잘리거나 중간에 끊어질 수 있습니다.

- **문맥 부족** : 대화의 일부 문맥이 누락되거나 이해되지 않으면 챗GPT는 적절한 답변을 제공하는 데 어려움을 겪을 수 있습니다. 이는 긴 대화에서 특히 문제가 될 수 있습니다.

- **모호한 질문** : 명확하지 않은 질문이나 모호한 맥락에서 챗GPT가 답변을 이어가기 어렵습니다. 이 경우에는 명확하고 구체적인 질문을 제공하는 것이 좋습니다.

- **새로운 주제** : 챗GPT는 훈련 데이터에서 제공된 주제에 대해 더 잘 작동합니다. 새로운 주제나 도메인에 대한 질문에 대해서는 이해하고 적절한 답변을 제공하는 데 제한이 있을 수 있습니다.

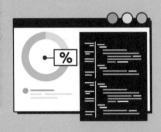

PART

2

최적의 작업 결과물을 위한
프롬프트 사용법

빙과 챗GPT를 이용하여 직장인 업무를 해결하기 위해서는 사용자의 질문에 원하는 형태의 답을 얻을 수 있어야 합니다. 명확한 답을 얻기 위해 프롬프트를 이용한 질문 노하우와 이미지 검색, 이미지 제작까지 사용자가 원하는 결과물을 얻는 노하우를 소개합니다.

명확한 단어로
답변을 얻으려면?

SECTION 01

챗GPT와 빙은 인간이 사용하는 언어를 이해하고 분석하기 때문에 기본적으로 어려운 단어보다는 쉽고 명확한 단어를 좋아합니다. 질문을 작성할 때 쉬운 문법과 올바른 맞춤법을 사용하면 더욱 정확한 답을 얻을 수 있습니다.

챗GPT를 이용해 질문을 하기 위해서는 복잡하거나 어려운 단어를 사용해서는 안 됩니다. 자칫 질문을 이해하는데 있어서 혼동을 줄 수 있습니다. 쉬운 문법과 올바른 맞춤법을 사용하면 챗GPT가 판단하고 답변을 내는 시간도 절약할 수 있습니다.

챗GPT에게 '줌을 이용한 커뮤니케이션 방법을 알려줘.'라고 질문을 하였습니다. 답은 'Something went wrong. please try reloading the conversation.' 뭔가 잘못되었으니, 다시 로드해 달라고 합니다. 이유는 줌이란 단어가 '손아귀에 쥐었을 때의 양'을 의미하기도 하고, Zum이라는 포털 사이트 서비스이기도 하기 때문입니다.

줌을 이용한 커뮤니케이션 방법을 알려줘.

Something went wrong, please try reloading the conversation.

이 질문에서는 '줌(Zoom)'에 영상 대화 툴을 의미하므로, 영문으로 입력을 하였고, '의사소통'을 의미하는 커뮤니케이션이라는 단어보다는 '영상 대화'라는 명확한 의미의 단어로 다시 질문하였습니다. 이제야 질문을 파악하고 정확한 답변이 나옵니다.

Zoom을 이용한 영상 대화 방법을 알려줘.

 Zoom은 온라인 비디오 대화 및 회의를 위한 인기 있는 플랫폼 중 하나입니다. 다음은 Zoom 을 사용하여 영상 대화를 시작하는 방법입니다.

1. Zoom 계정 생성 : Zoom 계정을 생성하면 Zoom 기능의 대부분을 이용할 수 있습니다. Zoom 계정을 생성하려면 이메일 주소와 비밀번호를 입력하고 등록 절차를 따르면 됩니다.

2. 대화 초대 : Zoom에서 대화를 시작하려면 초대 링크를 전송해야 합니다. Zoom에서 회의 를 만들고 초대 링크를 생성한 다음, 이 링크를 대화 상대에게 전송합니다.

3. 영상 대화 시작 : 초대 받은 대상은 링크를 클릭하여 Zoom 회의에 참여할 수 있습니다. Zoom 회의에 참여하면 웹캠과 마이크를 사용하여 영상 대화를 시작할 수 있습니다. Zoom은 대화 참여자의 얼굴을 자동으로 인식하여 각각의 참여자를 화면에 표시합니다.

빙은 검색형 AI로, 줌과 커뮤니케이션이란 키워드를 연관 검색하여 오류 없이 바로 Zoom 영상 대화법으로 인식하고 답변을 제공합니다. 뿐만 아니라 Zoom 영상 대화를 위해 Zoom 미팅 참여 사이트까지 제공합니다.

 줌을 이용한 커뮤니케이션 방법을 알려줘.

Zoom 미팅 참여하기. 이메일 초대 및 인스턴트 메시징 초대 를 통해, 브라우저, Zoom 데스 크톱 및 모바일 애플리케이션에 서, 또는 유선 전화나 휴대 전화, H.323 또는 SIP 기기에서 온라 인 미팅에 참여할 수 있습니다. 컴퓨터나 모바일 앱에서 Zoom 미팅에 참여하는 방법은 아래 링크를 참조하십시오.

https://support.zoom.us/hc/ko-kr/articles ············· 클릭

동일한 주제로
대화를 이어나가려면?

챗GPT와 빙은 질문한 내용을 질문 항목으로 표시합니다. 해당 질문 항목을 클릭하여 이전 답변을 확인하거나 연관하여 질문이 가능합니다.

챗GPT 연관 질문법

챗GPT는 이전 대화와 관련된 말을 생성하는 것이 가능합니다. 따라서 대화의 흐름을 파악하면 좀 더 자연스러운 대화를 할 수 있으므로 이전 대화 내용을 잘 기억하고 다음 대화에 반영하는 것이 중요합니다. 만약 서로 다른 주제의 질문을 할 경우에는 'New Chat' 기능을 이용하여 주제를 항목별로 나눠 놓고, 항목을 선택하면서 질문과 답변의 흐름을 이어가는 것이 좋습니다.

챗GPT에서 질문을 할 경우에는 주제를 정해 질문하는 것이 좋습니다. 대화의 효율성을 위해 답변의 최대 글자 수를 제한하고 있지 않습니다. 그러나, 길고 복잡한 질문에 대해서는 좀 더 구체적인 답변을 위해 질문을 분할하거나 질문의 요점을 요약하여 문제를 해결할 수 있는 방법을 찾는 것이 더 효율적이기 때문입니다.

다음은 일론 머스크의 스페이스X 프로젝트에 대해 질문을 하였습니다. 일반인의 우주여행 프로젝트인 스페이스X에 대한 내용을 받았습니다. 다음 질문으로 인류는 언제쯤 여행을 갈 수 있을지 물어보았습니다. 챗GPT는 처음 질문의 맥락을 이해하고, 인류의 우주 여행 시기에 대해 설명하였습니다. 첫 번째 질문의 주제를 이해하지 못하였다면 여행의 의미를 폭넓게 해석하여 일상의 여행 또는 문화 여행으로 인식할 수도 있었을 테니까요.

일론 머스크의 스페이스X에 대해 알려줘.

일론 머스크의 스페이스X는 2002년에 설립된 미국의 우주 탐사 기업입니다. 목표는 지구 궤도에 인공위성을 발사하고, 인류가 화성과 같은 행성을 탐사하며, 유인 우주 여행을 가능하게 하는 기술과 인프라를 개발하는 것입니다. 스페이스X는 대부분의 로켓과 인공위성을 자체적으로 개발하며, 이를 통해 우주 탐사를 더 저렴하고 효율적으로 할 수 있도록 노력하고 있습니다.

그러면 인류는 언제쯤 여행을 갈 수 있을까?

우주 여행이 가능한 시기는 여러 가지 요인에 따라 다양합니다. 현재로서는, 스페이스X를 비롯한 여러 기업과 우주 기관이 우주 비행을 더 안전하고 비용 효율적으로 만들기 위해 노력하고 있습니다. 재사용 가능한 로켓과 우주선, 인공지능 및 로봇 기술의 발전, 그리고 우주관광산업 등의 분야에서의 발전으로 인해 미래에는 더 안전하고 저렴한 우주 여행이 가능해질 것으로 예상됩니다. 그러나 정확한 시기는 예측하기 어렵습니다.

챗GPT에서 주제를 구분하여 질문하기

01 | 스페이스X 질문 이후 다른 주제의 질문을 하기 위해서는 왼쪽 상단의 [+ New chat]을 클릭합니다.

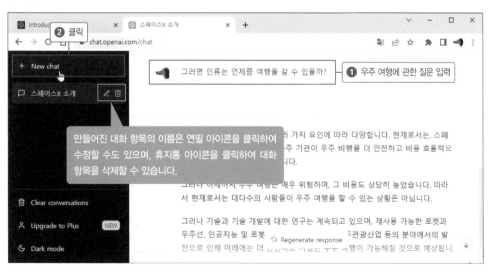

02 | 다른 주제의 질문을 하면 왼쪽 화면에 질문 항목이 표시됩니다. 예제에서는 한국 맛집 여행에 대해 질문을 하였습니다. 만약 다시 스페이스X와 관련된 질문으로 되돌아가기 위해서는 왼쪽 화면의 〔스페이스X 소개〕 항목을 클릭하여 같은 주제의 질문을 하면 됩니다.

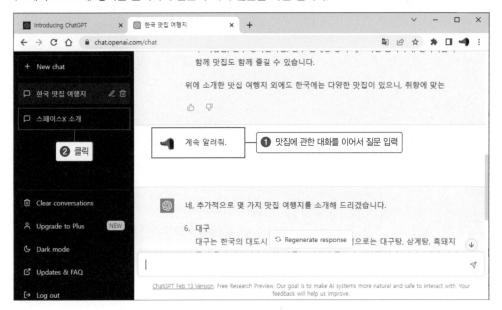

빙에서 연관 질문하기

빙에서도 연관해서 질문이 가능합니다. 첫 번째로 질문한 답변을 기준으로, 추가로 답변을 확장하거나 번역을 요청하는 것도 가능합니다. 빙 채팅 화면의 오른쪽 부분에는 최근 활동 메뉴가 위치해 있으며, 빙에게 질문을 할 때마다 항목별로 기록되어 있습니다. 질문 항목을 클릭하여 이전 질문 채팅 창으로 이동이 가능하며, 기록된 항목 위에 커서를 위치하여 항목 이름을 편집하거나 삭제가 가능합니다.

빙의 장점은 챗GPT와는 달리 놓치기 쉬운 연관 질문을 제시하고 있기 때문에 연관 질문을 클릭하여 질문에 대한 답변의 영역을 심화할 수 있습니다. 다음은 빙에게 상품 아이디어를 짜는 방법을 질문하였습니다. 다음 질문으로 답변을 더 확장해서 알려달라고 요청하였더니, 제품 개발 방법과 연관 질문으로 제품 개발 단계까지 답변을 얻을 수 있었습니다.

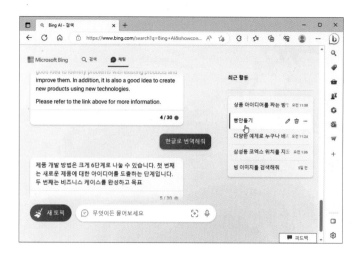

상품 아이디어를 짜는 방법을 알려줘.

 상품 아이디어를 짜는 방법은 다양합니다. 예를 들어, 고객의 니즈를 파악하고 이를 충족시키는 제품을 만드는 것이 있습니다. 또한, 기존 제품의 문제점을 파악하고 이를 개선하는 것도 좋은 방법입니다. 더불어, 새로운 기술을 활용하여 새로운 제품을 만드는 것도 좋은 방법입니다. 이 외에도 다양한 방법이 있으니 참고하시기 바랍니다.

자세한 정보 : 1. ko.wix.com   2. scienceon.kisti.re.kr   3. thetip.kr

더 확장해서 알려줘.

 제품 개발 방법은 크게 6단계로 나눌 수 있습니다. 첫 번째는 새로운 제품에 대한 아이디어를 도출하는 단계입니다. 두 번째는 비즈니스 케이스를 완성하고 목표 시장과 제품 기능에 대해 논의하는 단계입니다. 세 번째는 프로토타입을 제작하는 단계입니다. 네 번째는 초기 디자인을 완성하는 단계입니다. 다섯 번째는 검증 및 테스트를 수행하는 단계입니다. 여섯 번째는 상업화를 위한 마케팅 및 판매 전략을 수립하는 단계입니다.

참고로, 제품 개발 방법은 제품 아이디어 발굴 방법과 유사합니다. 고객의 니즈를 파악하고 이를 충족시키는 제품을 만드는 것이 있습니다. 또한, 기존 제품의 문제점을 파악하고 이를 개선하는 것도 좋은 방법입니다. 더불어, 새로운 기술을 활용하여 새로운 제품을 만드는 것도 좋은 방법입니다.

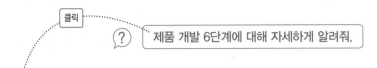

제품 개발 6단계에 대해 자세하게 알려줘.

제품 개발 6단계에 대해 자세하게 알려줘.

제품 개발 단계는 일반적으로 6단계로 나눌 수 있습니다.

1. 아이디어 도출 (아이데이션)
2. 제품 정의
3. 프로토타입 제작
4. 초기 디자인
5. 검증 및 테스트
6. 상업화

제품 개발 단계는 제품을 만들기 위한 과정으로, 아이디어 도출부터 상업화까지의 과정을 포함합니다. 이 과정에서는 아이디어를 창출하고 선별하며, 소비자 분석을 통해 컨셉을 개발하고 테스트를 거칩니다. 그 후 사업 타당성 분석을 거쳐 제품을 설계하고 개발합니다.

제품 개발 단계 중 가장 중요한 부분은 제품이 최종 사용자의 문제를 해결할 수 있는지 여부입니다. 이것은 모든 제품의 성공을 위한 필수 요소인 제품 시장 적합성을 달성하는 유일한 방법입니다 또한, 소비자의 선호 및 기호를 구체적인 제품 속성에 반영하는 것도 중요합니다.

제품 개발 단계는 일반적으로 아이디어 창출과 시장성 검증, 필요한 기술의 선택 및 개발, 원형의 개발과 생산가능성 검증 등으로 구성됩니다.

자세한 정보 : 1. bing.com   2. asana.com   3. blog.naver.com   4. affde.com
5. ascentkorea.com

제품 시장 적합성이란 무엇인가요?

챗GPT&빙 비교 ❸
구체적으로 질문하려면?

SECTION 03

모호한 질문은 자칫 엉뚱한 방향으로 답변을 얻을 수 있습니다. 구체적인 질문 방법은 정확한 답변을 위한 필수 요소입니다. 챗GPT는 원칙적으로 구체적인 질문이 필요한 반면에 빙은 모호한 질문을 검색 기능을 이용하여 정확한 방향으로 답변을 합니다.

구체적 질문을 요구하는 챗GPT

챗GPT의 정확한 답변을 위해 명확하고 구체적인 질문을 해야 합니다. 모호하거나 추상적인 질문은 정확한 답변을 얻기 어려울 수 있습니다. 또한, 막연하고 추상적인 질문보다는 질문의 범위를 명확히 설정하면, 챗GPT가 질문에 대한 적절한 정보를 제공할 수 있습니다. 뿐만 아니라 질문을 논리적으로 구성하면, 질문의 의도를 이해하고 적절한 방법으로 답변할 수도 있습니다.

구체적인 질문을 하면 챗GPT는 질문 내용을 정확하게 이해하고 적절한 답변을 제공할 수 있습니다. 예를 들어, "오늘 날씨는 어때?"라는 구체적인 질문에 대해서는 해당 지역의 오늘 날씨에 대한 정보를 제공할 수 있습니다. 그러나 "날씨는 어때?"와 같이 모호하고 추상적인 질문에 대해서는 정확한 답변을 제공하기 어렵습니다. 따라서 챗GPT에게 질문을 할 때는 가능한 구체적이고 명확한 질문을 작성하여 정확하고 유용한 답변을 받을 수 있도록 해야 합니다.

챗GPT가 질문을 이해하기 위해서는 질문의 문맥도 중요합니다. 따라서 질문을 할 때, 필요한 정보를 제공하는 것이 중요합니다. 단, 불필요한 정보는 질문의 의도를 분명히 하지 못하게 할 수 있으므로 질문에 필요한 정보만 포함시키는 것이 좋습니다.

일례를 들어보겠습니다. 한국 사람이라면 '사물놀이'하면 풍물놀이를 연상할 것입니다. 사물놀이에 대해 더 자세히 정보를 얻기 위해 챗GPT에게 질문해 보았습니다.

챗GPT

사물놀이에 대해 알려줘.

사물놀이는 어린이들이 생활 속 사물이나 동물을 소재로 한 가상의 상황을 연출하여 놀이하는 것을 말합니다. 사물놀이는 어린이의 상상력과 창의력을 발달시키는 데 도움이 되며, 소통, 협력, 문제 해결 등의 기술도 함께 배울 수 있는 유용한 놀이 형태입니다.

사물놀이는 다양한 방식으로 진행될 수 있습니다. 어린이들은 주로 가정집이나 학교, 의사 진료소, 은행 등 일상생활에서 접할 수 있는 장소를 모방하여 놀이를 합니다. 또한, 인형이나 장난감 동물 등을 사용하여 그들에게 역할을 부여하고 상황을 만들어냅니다.

어린이들은 사물놀이를 통해 자신의 경험을 바탕으로 상황을 재현하거나 다양한 역할을 시도하며 자아를 탐색합니다. 이를 통해 사회적 규칙과 역할, 감정 표현, 문제 해결 등을 배우고 친구나 가족과의 상호작용을 경험할 수 있습니다.

어린이들은 사물놀이를 통해 세상을 탐험하고, 자신만의 이야기를 만들어내며, 새로운 경험과 지식을 얻을 수 있습니다. 따라서, 사물놀이는 어린이의 성장과 발달에 매우 중요한 역할을 합니다.

> 사물을 물건으로 이해하여 어린이들의 일반화된 놀이 개념으로 답변 구성

사물놀이를 '사물' 즉, 물건을 이용한 놀이로 판단하여 어린이들의 역할놀이 개념으로 설명을 하였습니다. 좀 더 구체적으로 질문해 보았습니다.

챗GPT

한국의 국악인 사물놀이에 대해 알려줘.

사물놀이에서는 주로 꽹과리, 징, 장구, 북 등의 풍물 악기가 사용됩니다. 꽹과리는 작은 사물로서 쇠나 나무로 만들어진 소리를 내는 도구입니다.

징은 작은 타악기로, 작은 철판을 손으로 치는 것으로 소리를 내며 북과 함께 리듬을 이끌어 갑니다. 장구는 작은 소리를 내는 악기로, 손으로 치거나 손가락으로 두드리는 것으로 소리를 내며 북과 함께 주로 리듬을 맡습니다. 북은 큰 타악기로, 손으로 두드리며 풍물 악기의 핵심 역할을 수행합니다.

사물놀이에서는 이러한 풍물 악기와 함께 춤이 결합되어 공연됩니다. 춤은 사물의 형태와 움직임을 동작으로 표현하는 예술입니다. 사물의 움직임과 특성을 춤으로 재현하며, 다양한 동작과 표정을 통해 사물의 본질을 전달합니다. 악기와 춤이 조화롭게 협연되어 사물의 움직임과 음악이 조화롭게 표현되는 사물놀이는 매우 화려하고 매력적인 공연이 됩니다.

한국의 국악인 사물놀이는 전통 예술의 일환으로 꾸준히 전승되어 왔습니다. 이를 통해 한국의 전통 문화와 가치를 전달하고, 고유한 예술 경험과 감동을 제공합니다. 사물놀이는 한국인의 정서와 아름다운 예술을 담고 있어 국내외에서 많은 사랑을 받고 있습니다.

'한국'과 '국악' 키워드를 추가하여 한국 고유의 놀이라는 범위를 정해 질문을 하였더니 질문자가 원했던 의미로 답변을 받을 수 있었습니다. 챗GPT가 질문을 이해하기 위해서는 질문자의 의도를 이해할 수 있도록 필요한 키워드를 추가하여 질문하는 것이 중요합니다.

모호한 질문을 검색으로 해결하는 빙

빙은 검색엔진으로 '사물놀이'에 대해 먼저 검색하기 때문에 모호하게 해석될 수 있는 질문을 정확하게 판단하였습니다. 추가 자료를 제공하기 위해 자세한 정보에서 연관 사이트를 제공하였습니다.

 사물놀이에 대해 자세히 알려줘.

 사물놀이는 사물(꽹과리, 징, 장구, 북)을 중심으로 연주하는 풍물에서 취한 가락을 토대로 발전시킨 계열의 국악입니다. 1978년 2월 28일 서울 종로구 인사동 공간사랑에서 김용배가 제안 구성하고 심우성이 이름을 지어 제안한 《사물놀이》 풍물패에서 연주를 한 것이 사물놀이의 시작입니다. 사물놀이는 대표적인 타악기 중 하나인 북과 함께 연주되며, 국악의 대표적인 장르 중 하나입니다.

자세한 정보 : 1. ko.wikipedia.org   2. musicculturalheritage.tistory.com   3. soomgo.com

챗GPT&빙 비교 ❹

키워드로
추가 질문을 하려면?

챗GPT에 문맥에 맞는 추가 질문을 하려면 알맞은 키워드를 입력하여 연관 질문을 해야 하는 반면 빙에서는 자동으로 문맥에 맞는 연관 질문을 제시합니다.

챗GPT는 하나의 질문에 모든 답변 보따리를 풀어놓지는 않습니다. 추가 질문을 하는 것은 정확한 답변을 얻기 위해 매우 중요한 요소입니다. 추가 질문을 통해 제공한 정보를 확실히 이해하고, 더 자세한 정보나 설명을 얻을 수 있기 때문입니다. 처음 질문에서 얻은 정보를 이용하여 다시 특정 키워드를 뽑아 구체적으로 추가 질문하는 방식을 사용해 보세요.

추가 질문을 할 때에는 챗GPT가 제공한 정보를 잘 이해하고, 더 자세한 정보나 설명을 얻기 위해 질문을 하는 것이 중요합니다. 따라서, 질문의 목적을 명확하게 이해하고, 그에 따른 추가 질문을 하도록 합니다.

 챗GPT

어니스트 해밍웨이에 대해 알려줘.

 어니스트 해밍웨이(Ernest Hemingway)는 미국의 작가로서 20세기 초반에 활동하였습니다. 그의 대표작은 『무기여 잘있거라』, 『누구의 땅』, 『노인과 바다』 등이 있으며, 그의 작품은 간결하고 단순한 문체, 생생한 묘사, 강렬한 감정 등으로 유명합니다.

해밍웨이는 1899년 일리노이주에서 태어나 유럽과 아프리카를 여행하며 다양한 경험을 쌓았습니다. 그의 문체는 그의 경험과 격렬한 감정을 간결하게 표현하는 특징이 있습니다. 해밍웨이는 1954년 노벨 문학상을 수상하였으며, 1961년 자살로 인해 생을 마감했습니다.

질문자의 헤밍웨이 질문 목적은 작가로서의 인생을 물어본 것일 수도 있지만, 그의 작품을 알기 위함일 수도 있습니다. 이런 경우 궁금한 추가 질문을 하여 구체적인 정보를 얻을 수 있습니다. 다음은 '대표 작품'을 추가 키워드로 질문하여 얻은 결과입니다.

챗GPT 해밍웨이의 대표 작품을 구체적으로 알려줘.

어니스트 해밍웨이(Ernest Hemingway)의 대표작으로는 다음과 같은 작품들이 있습니다.

1. 『무기여 잘있거라(A Farewell to Arms, 1929)』: 제1차 세계 대전 당시 이탈리아에서 일어난 사건을 배경으로, 사랑과 전쟁, 인간의 삶과 죽음을 다룬 작품입니다.

2. 『누구의 땅(For Whom the Bell Tolls, 1940)』: 스페인 내전을 배경으로, 스페인 공산당을 지원하며 자유 스페인군과 싸우는 로버트 조던의 이야기를 그린 작품입니다.

3. 『노인과 바다(The Old Man and the Sea, 1952)』: 노인 산티아고가 대서양으로 나가 물고기를 잡으러 가는 이야기를 다룬 작품으로, 해밍웨이의 마지막 소설이기도 합니다.

그 외에도 해밍웨이의 다른 작품으로는 『태양은 또다시 떠오르고』, 『파리는 항상 아름다워』, 『무용지물』, 『또 다시 행복을』, 『초록 언덕 위에 아침이 뜨다』 등이 있습니다. 해밍웨이의 작품은 간결하고 단순한 문체, 생생한 묘사, 강렬한 감정 등으로 유명합니다.

빙은 검색에 특화된 답변과 링크 사이트를 제시하였으며, 추가 키워드로 질문하지 않아도 연관 질문으로 대표작과 가장 유명한 작품을 키워드로 제시하였습니다.

BING 어니스트 헤밍웨이에 대해 알려줘.

어니스트 해밍웨이(Ernest Hemingway)는 미국의 소설가이자 저널리스트입니다. 그는 1954년 노벨 문학상을 수상한 작가로 유명합니다. 그의 간결하고 절제된 표현 방식은 20세기 소설에 강한 영향을 미쳤으며, 그의 모험적인 생활과 대담한 글로도 유명합니다. 어니스트 해밍웨이의 대표작으로는 〈무기여 잘 있거라〉, 〈노인과 바다〉, 〈태양은 또다시 떠오른다〉 등이 있습니다.

어니스트 해밍웨이는 1899년 7월 21일 미국 일리노이 주의 오크파크에서 태어났으며, 고등학

교 졸업 후 《캔자스시티 스타》의 수습기자로 일하다 제1차 세계대전 당시 적십자 부대의 앰뷸런스 운전병으로 이탈리아 전선에 투입되었습니다.

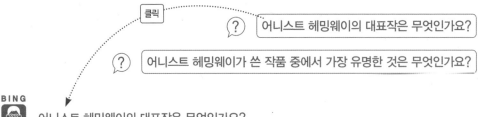

BING

어니스트 헤밍웨이의 대표작은 무엇인가요?

어니스트 헤밍웨이의 대표작으로는 〈노인과 바다〉, 〈무기여 잘 있거라〉, 〈태양은 또다시 떠오른다〉 등이 있습니다.

자세한 정보 : 1. luckyhaki.com   2. ko.wikipedia.org   3. jungseokblog.tistory.com

꼬리를 무는 **질문**과 **제안**으로
답변을 심화하려면?

빙은 웹 전반의 검색 결과를 검토해 사용자가 원하는 답을 찾아 주고, 이를 요약합니다. 또한 '연관 질문'을 제공하여 사용자가 간과하기 쉬운 검색을 위해 답변의 폭을 넓혀줍니다.

한번의 질문으로 가능한 정확한 결과 답변을 제공하기 위해 최선을 다하지만, 한번에 모든 질문에 대한 정보를 보장할 수는 없습니다. 빙에서는 이러한 단점을 보완하기 위해 〔자세한 정보〕와 〔연관 질문〕을 제공하고 있습니다. 질문에 대한 연관 질문을 선택하다 보면 해당 질문에 대한 답변과 함께 다시 심화 질문을 제시합니다.

이러한 방식으로 연관 질문과 답변을 연속으로 이어가다 보면 폭넓은 답변을 얻을 수 있습니다.

연관 검색으로 동네 커피점의 활성화 방법을 알아보겠습니다.

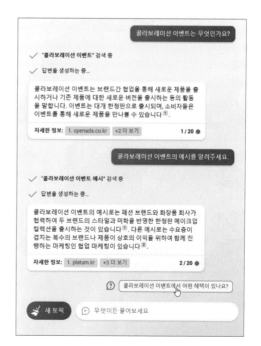

BING

동네 커피점을 활성화하기 위한 마케팅 방법을 알려줘.

 동네 커피점을 활성화하기 위한 마케팅 방법은 다양합니다. 예를 들어, SNS를 활용한 마케팅, 이벤트를 통한 마케팅, 블로그를 활용한 마케팅 등이 있습니다. 또한, 소비자의 기억에 각인되기 위해 콘셉트가 필요합니다. 이외에도 다양한 방법이 있으니 참고하시기 바랍니다.

자세한 정보 : 1. blog.naver.com 2. brunch.co.kr 3. junsungki.com

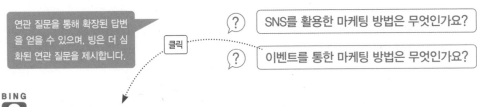

연관 질문을 통해 확장된 답변을 얻을 수 있으며, 빙은 더 심화된 연관 질문을 제시합니다.

(?) SNS를 활용한 마케팅 방법은 무엇인가요?

클릭

(?) 이벤트를 통한 마케팅 방법은 무엇인가요?

 BING

이벤트를 통한 마케팅 방법은 무엇인가요?

 커피 전문점에서 이벤트를 통한 마케팅 방법으로는 1+1 이벤트, 할인 이벤트 등이 있습니다. 또한, 콜라보레이션을 통한 이벤트도 있습니다. 이외에도 다양한 방법이 있으니 참고하시기 바랍니다.

자세한 정보 : 1. baristanews.co.kr 2. baristanews.co.kr 3. blog.naver.com

(?) 1+1 이벤트는 어떻게 진행하나요?

(?) 할인 이벤트는 어떻게 진행하나요?

클릭

(?) 콜라보레이션 이벤트는 무엇인가요?

 BING

콜라보레이션 이벤트는 무엇인가요?

 콜라보레이션 이벤트는 브랜드간 협업을 통해 새로운 제품을 출시하거나 기존 제품에 대한 새로운 버전을 출시하는 등의 활동을 말합니다. 이벤트는 대개 한정판으로 출시되며, 소비자들은 이벤트를 통해 새로운 제품을 만나볼 수 있습니다.

자세한 정보 : 1. openads.co.kr 2. inven.co.kr 3. kr.playblackdesert.com

(?) 콜라보레이션 이벤트의 예시를 알려주세요.

클릭

? 콜라보레이션 이벤트가 어떻게 진행되나요?

BING

콜라보레이션 이벤트가 어떻게 진행되나요?

콜라보레이션 이벤트는 공동 브랜드 제품, 공동 마케팅 캠페인 또는 이벤트 등 다양한 형태로 진행될 수 있습니다. 예를 들어 패션 브랜드와 화장품 회사가 협력하여 두 브랜드의 스타일과 미학을 반영한 한정판 메이크업 컬렉션을 출시할 수 있습니다.

협업 마케팅은 수요층이 겹치는 복수의 브랜드나 제품이 상호의 이익을 위하여 함께 진행하는 마케팅입니다. 대개 이런 브랜드들은 서로 다른 산업군에서 활동하지만, 공통의 마케팅 오디언스를 갖고 있습니다.

위의 예시들처럼 콜라보레이션 이벤트는 다양한 형태로 진행될 수 있으며, 서로 다른 산업군에서 활동하는 브랜드들이 함께 진행할 수 있습니다.

자세한 정보 : 1. platum.kr   2. magazine.contenta.co   3. magazine.contenta.co
4. blog.naver.com

클릭

예를 하나 들어볼까요?

운동화와 아이스티 사이의 결합이 그리 전통적인 결합은 아니죠. 그러나, 아디다스와 애리조나의 브랜드는 겹치는 구석이 많았습니다.

아디다스와 애리조나는 둘 다 18세에서 34세 사이의 "쿨한" 오디언스에게 어필을 하고 있었고 그들의 제품의 다수는 구매할 만한 가격대를 유지하고 있었습니다.

아널드 파머(Arnold Palmer. 아이스티와 레모네이드를 결합한 음료수)를 대략 1,200(99Cent)원 정도에, 그리고 운동화를 대략 70,000원 아래로 살 수 있습니다.

아디다스와 애리조나는 이러한 그들의 브랜드 메시지의 두 구석을 융합해 그들의 잘 알려진 디자인을 기반으로 그들이 99센트 스니커즈라 부른 독특한 여러 신발을 만들었습니다.

이미지 검색과 문서 스캔으로 텍스트를 이용하려면?

빙은 채팅 화면에서 이미지를 검색하여 이미지 정보를 얻을 수도 있으며, 문장으로 구성되어 있는 서류 등을 스캔하여 텍스트화할 수 있습니다. 텍스트화한 문장은 파일로 저장하거나 다른 사람들과 공유가 가능합니다.

이미지 검색으로 정보 얻기

01 │ 빙을 실행한 다음 입력창을 두 번 탭하여 표시되는 팝업 메뉴에서 〔이미지 검색〕 아이콘을 탭합니다.

> 빙은 챗GPT와는 달리 텍스트를 이용한 질문 이외에 음성과 이미지를 이용해 질문을 하고, 답변을 얻을 수 있습니다.

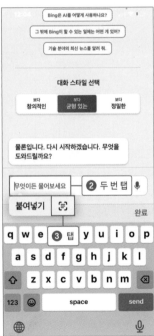

02 | 하단에 촬영하려는 상품을 카메라에 위치시켜 노란색 영역 박스를 상품 문자에 맞추면 상품의 문자가 입력창에 표시됩니다. 〔삽입〕 버튼을 탭합니다. 이 상품 명 뒤에 '이 상품을 검색해 줘'라고 질문하면 해당 상품의 정보와 함께 해당 상품 사이트를 제시합니다.

카메라가 상품의 문자 부분을 인식하면 입력창에 자동으로 문자를 인식하여 입력합니다. 영문일 경우에는 영문으로 답변하고, 한글일 경우에는 한글로 답변합니다.

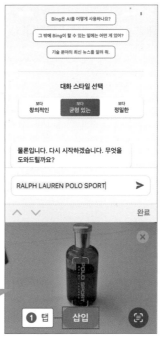

문장을 스캔하여 텍스트화하기

01 | 문장을 스캔하여 텍스트화하기 위해 서류나 책을 위치시키고 빙을 실행합니다. 입력창을 두 번 탭하여 표시되는 팝업 메뉴에서 〔이미지 검색〕 아이콘을 탭합니다.

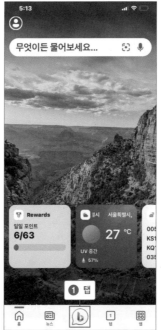

02 | 스캔할 문장이 있는 부분을 노란색 영역에 위치시키면 입력창에 해당 내용이 문장으로 표시됩니다. 〔삽입〕 버튼을 탭합니다.

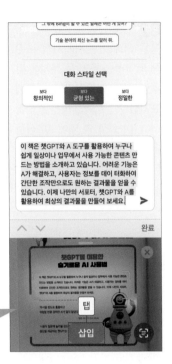

카메라의 위치에 따라 초점이 변경되므로, 스캔하려는 문장으로 천천히 이동시켜 문장을 인식하도록 합니다.

03 | 그림과 같이 입력창 책 표지에 있는 문장이 텍스트화하여 표시됩니다. 이 문장을 복사하여 SNS나 문자 기능으로 공유가 가능하며, 〔저장〕을 탭하여 파일로 저장이 가능합니다.

문장을 블록으로 지정한 다음 탭한 다음 〔공유〕 메뉴를 선택하면 메일이나 SNS, 파일로 저장이 가능합니다.

이미지를 포함하여
답변을 얻으려면?

빙은 입력창에 검색하려는 이미지의 검색어를 입력하면 검색 결과로 이미지를 제시합니다. 이미지 자료뿐만 아니라 장소 검색을 위한 구글 맵을 이용한 지도 검색까지 가능합니다.

빙에서는 구글 이미지 검색을 이용하여 자료와 함께 검색할 수 있습니다. 구글 이미지 검색을 이용하기 위해서는 입력창에 특정 이미지 검색을 요청하거나 구글 빙 화면의 상단에 〔검색〕을 클릭한 다음 〔이미지〕를 선택하여 질문에 대한 이미지를 검색할 수 있습니다. 또한, 검색이 아닌 빙에서 직접 이미지를 만들어 답변을 얻을 수 있습니다.

이미지와 지도 검색 답변 얻기

빙은 질문에 대한 답변을 할 경우 이미지가 필요한 경우에는 이미지까지 검색하여 제안합니다. 제안된 이미지의 이미지 출처까지 표시하여 사용자가 검색된 이미지를 사용할 경우 해당 출처의 사이트를 확인할 수 있습니다.

BING

 이케아의 제품 디자인에 대해 알려줘.

 이케아의 제품 디자인은 다음과 같습니다.

기능성과 디자인의 조화 이케아는 제품의 기능성과 디자인을 모두 고려하여 제품을 만듭니다.

간결하고 실용적인 디자인 이케아는 제품의 디자인을 간결하고 실용적으로 만들어 소비자들이 쉽게 사용할 수 있도록 합니다. 다양한 디자인 이케아는 다양한 디자인을 선보이며, 소비자들이 자신에게 맞는 제품을 선택할 수 있도록 합니다. 지속 가능한 디자인 이케아는 지속 가능한 디자인을 추구합니다. 이케아는 제품을 만들 때 환경 친화적인 소재를 사용하며, 재활용이 가능한 제품을 만듭니다.

이렇게 다양한 디자인으로 이케아는 소비자들에게 좋은 인상을 남기고 있습니다.

이케아의 제품 디자인은 다음과 같습니다 :

1. **기능성과 디자인의 조화** : 이케아는 제품의 기능성과 디자인을 모두 고려하여 제품을 만듭니다.

2. **간결하고 실용적인 디자인** : 이케아는 제품의 디자인을 간결하고 실용적으로 만들어 소비자들이 쉽게 사용할 수 있도록 합니다.

3. **다양한 디자인** : 이케아는 다양한 디자인을 선보이며, 소비자들이 자신에게 맞는 제품을 선택할 수 있도록 합니다.

4. **지속 가능한 디자인** : 이케아는 지속 가능한 디자인을 추구합니다. 이케아는 제품을 만들 때 환경 친화적인 소재를 사용하며, 재활용이 가능한 제품을 만듭니다. 이렇게 다양한 디자인으로 이케아는 소비자들에게 좋은 인상을 남기고 있습니다.

자세한 정보 : 1. ikea.com 　 2. ikea.com 　 3. ikea.com

> 답변에 연관된 이미지를 섬네일 형식으로 검색해서 제공하며, 원하는 이미지를 클릭하면 해당 이미지를 확대해 볼 수 있으며, 이미지 출처 사이트로도 이동할 수 있습니다.

이미지 모두 보기 >

이미지 출처 : 1. jungle.co.kr 　 2. mdesign.designhouse.co.kr 　 +7 자세히 보기

 가장 가까운 이케아 매장을 지도에서 확인해 줘.

 당신이 계신 위치에서 가장 가까운 이케아 매장은 어디인지 확인해 드리겠습니다. 이케아는 광명, 고양, 기흥, 동부산에 총 4곳의 매장이 있습니다. 이케아 매장 위치를 지도에서 확인하시려면 이케아 홈페이지에서 매장 안내 페이지를 방문하시면 됩니다.

이케아 매장 안내 페이지에서는 각 매장의 영업시간과 휴무일을 확인할 수 있습니다. 또한, 이케아에서 운영하는 매장들은 매장 별로 이벤트나 프로모션을 운영하고 있으니 방문을 원하는 매장을 찾아 다양한 매장별 프로모션 및 이벤트 정보를 확인해 보세요. 이케아 홈페이지에서는 온라인 쇼핑몰도 운영하고 있으며, 배송비 쿠폰 사용 방법 등에 대한 정보도 제공하고 있습니다.

자세한 정보 : 1. ikea.comv

빙 채팅 화면에서 바로
이미지를 제작하려면?

SECTION 08

현존하지 않는 이미지가 필요한 경우 빙 채팅 입력창에 이미지를 묘사하는 글을 작성하여 바로 만들 수 있습니다. 만들어진 이미지는 컬렉션을 만들어 웹상에서 콘텐츠를 수집, 저장, 공유할 수도 있습니다.

채팅 화면에서 이미지 만들기

01 빙 이미지 크리에이터를 이용하여 이미지를 제작하기 위해 입력창에 '만들어줘' 키워드를 넣어 입력합니다. 예제에서는 '보잉 비행기 외관에 게임 캐릭터를 프린팅한 이미지를 만들어줘'를 입력하였습니다.

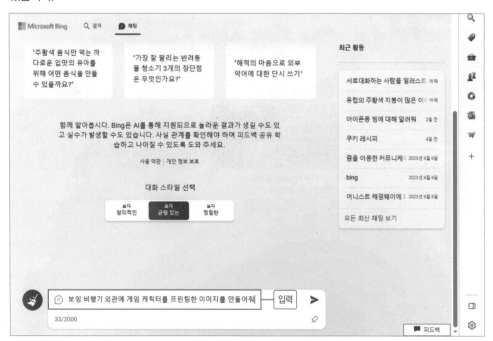

02 | 그림과 같이 채팅 화면에 '이미지가 생성되고 있습니다.'라는 메시지가 표시됩니다.

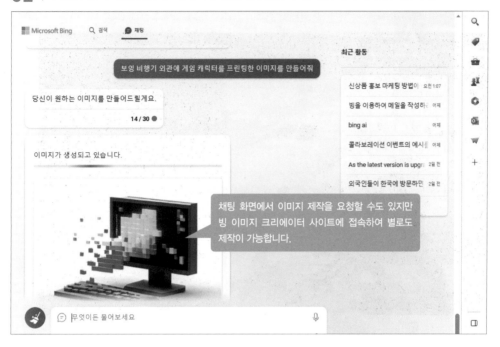

03 | 이미지가 생성되면 4개의 이미지를 제시합니다. 동일한 질문을 입력할 때마다 다른 이미지를 제시합니다. 마음에 드는 이미지가 표시되면 해당 이미지를 클릭합니다.

04 | 선택된 이미지가 크게 표시되면 (공유) 버튼을 클릭하여 링크 주소를 복사하여 전달이 가능하며, (다운로드) 버튼을 클릭하여 PC에 저장이 가능합니다.

컬렉션에 이미지 저장하기

01 | (저장됨) 버튼을 클릭한 다음 (새 컬렉션 만들기)를 클릭합니다. 컬렉션 이름을 입력하여 만들어진 컬렉션 이름을 클릭합니다.

02 | 컬렉션 공간에는 새롭게 만든 이름의 컬렉션이 만들어졌으며, 방금 만든 이미지가 저장되어 있는 것을 확인할 수 있습니다.

> 목업 디자인 작업은 상품이나 제품의 디자인 아이디어를 시각적으로 보여줌으로써 클라이언트와 팀원들이 디자인의 방향성을 이해하고 피드백을 제공할 수 있습니다. 이러한 목업 디자인 작업 시 빙을 이용한 이미지 제작은 시간과 비용을 줄일 수 있는 장점이 있습니다.

알아두기 빙 이미지 크리에이터 점수

이미지 제작 속도가 급격하게 떨어지는 경우에는 점수를 확인합니다. 한 달에 25개씩 무료로 제공합니다. 자신의 점수를 확인하려면 빙 이미지 크리에이터(www.bing.com/create)에 접속하여 입력창 옆에 점수를 확인합니다.

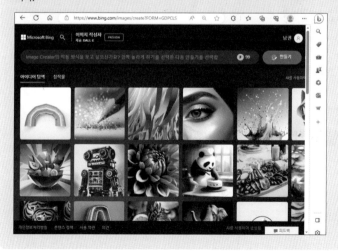

빙
BING

MICROSOFT

업무를 위한 빙과 챗GPT
기능 업그레이드하기

빙과 챗GPT의 기본 기능만으로는 만족할 만한 결과물을 얻기는 쉽지 않습니다. 이제부터 기능을 업그레이드하여 필요한 정보에 접근하는 방법을 소개합니다. 챗GPT의 필수 확장 프로그램부터 마이크로소프트의 빙 이미지 크리에이터, 빙 디자이너까지 기능 업그레이드 방법을 소개합니다.

옵션을 추가하여 빙 문장 능력을 업그레이드하려면?

SECTION 01

빙 채팅 화면의 작성 메뉴를 선택하면 작성하려는 초안에 옵션을 추가하여 사용자가 원하는 형태의 콘텐츠 작성이 가능합니다.

빙을 이용하여 질문을 하면 기본적으로 문장으로 답변을 작성하거나 연관 질문이나 링크를 포함한 자세한 정보를 제공합니다. 하지만 사용자가 목적에 맞게 문장을 요구하거나 문장 톤, 문장의 길이 등을 선택하여 요청하기 위해서는 작성 메뉴를 선택합니다. 작성 메뉴를 선택하면 전문가 스타일이나 캐주얼 스타일, 콘텐츠형 등으로 문장 스타일을 선택할 수 있으며, 문장 형식과 길이 등을 옵션으로 지정할 수 있습니다.

작성 메뉴에서 옵션 선택하기

01 엣지 브라우저를 실행한 다음 화면 오른쪽 상단의 [빙 검색] 아이콘을 클릭합니다. 콘텐츠를 작성하기 위해 [작성] 메뉴를 클릭하고 작성 주제 입력창에 주제를 입력합니다. 예제에서는 '비건 라이프 스타일에 대해 작성해 줘'라고 입력하였습니다.

02 │ 톤 옵션에서 [캐주얼] 버튼을 클릭하고 형식에서 [블로그 게시물], 길이에서 [짧게] 버튼을 클릭한 다음 [초안 작성] 버튼을 클릭합니다.

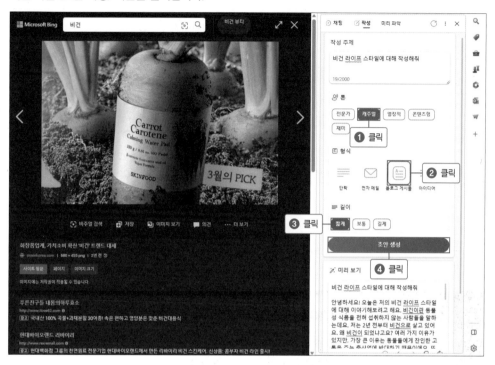

블로그 게시물 초안이 작성되었습니다. 선택한 옵션대로 캐주얼한 문장 스타일로, 블로그 게시물이 작성된 것을 확인할 수 있습니다.

BING

비건 라이프 스타일에 대해 작성해 줘.

> 블로그 게시물 스타일의 구어체로 문장 작성

안녕하세요! 오늘은 저의 비건 라이프 스타일에 대해 이야기해보려고 해요. 비건이란 동물성 식품을 전혀 섭취하지 않는 사람들을 말하는데요, 저는 2년 전부터 비건으로 살고 있어요. 왜 비건이 되었냐고요? 여러 가지 이유가 있지만, 가장 큰 이유는 동물들에게 잔인한 고통을 주는 축산업에 반대하기 때문이에요. 또한 비건 식단은 건강과 환경에도 좋다고 들었어요. 그래서 저는 비건이 되기로 결심했어요.

비건으로 살면서 어떤 변화가 있었냐고요? 우선 체중이 줄었고, 피부가 맑아졌어요. 또한 소화도 잘되고, 기분도 좋아졌어요. 비건 식단은 단백질이 부족하다고 생각할 수 있지만, 콩, 견

과류, 씨앗 등 다양한 식물성 단백질을 섭취하면 충분하다고 해요. 저는 매일 비타민 B12와 철분을 보충하기 위해 영양제도 먹고 있어요.

비건으로 살기 어렵지 않냐고요? 사실 처음에는 어려웠어요. 동물성 식품을 먹지 않으려면 음식을 고르거나 요리할 때 신경을 많이 써야 하거든요. 그리고 주변 사람들의 반응도 다양했어요. 어떤 사람들은 저를 이해하고 지지해주었지만, 어떤 사람들은 저를 비웃거나 비판하기도 했어요. 하지만 저는 제가 옳다고 생각하는 일을 하고 있다는 자신감을 가지고 있어요. 그리고 시간이 지날수록 비건 식당이나 제품도 많이 생겨나서 편리해졌어요.

저는 비건 라이프 스타일에 만족하고 있어요. 비건이 되면서 제가 동물들과 지구를 조금이나마 보호할 수 있다는 생각에 행복해요. 비건이 되고 싶은 분들이 있다면, 저와 같이 도전해보세요! 감사합니다.

03 │ 작성 메뉴의 톤 옵션에서 〔콘텐츠형〕 버튼을 클릭하고 형식에서 〔블로그 게시물〕, 길이에서 〔보통〕 버튼을 클릭한 다음 〔초안 작성〕 버튼을 클릭합니다.

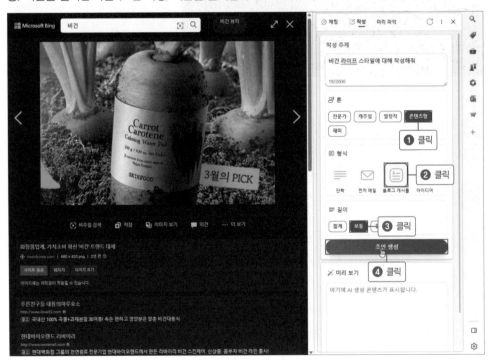

문장 스타일이 보고서 형태의 콘텐츠 문장 스타일로 답변이 제시된 것을 확인할 수 있습니다. 뿐만 아니라 문장을 더 자세하게 설명하여 문장이 길어진 것을 알 수 있습니다.

BING

비건 라이프 스타일에 대해 작성해 줘.

비건 라이프 스타일이란 동물성 제품을 전혀 사용하지 않는 삶의 방식을 말합니다. 비건은 식단뿐만 아니라 의류, 화장품, 엔터테인먼트 등 모든 영역에서 동물에 대한 모든 형태의 착취와 학대를 배제하려고 합니다. 비건 라이프 스타일은 건강, 환경, 동물 복지 등 여러 가치를 동시에 추구하는 생활 방식입니다.

> 콘텐츠형을 선택하여 항목별로 콘텐츠를 구분하여 작성

비건 라이프 스타일의 건강 이점

비건 식단은 식물성 식품으로만 구성되어 있습니다. 식물성 식품은 일반적으로 섬유질이 풍부하고, 포화 지방과 콜레스테롤이 적거나 없어, 심장 질환, 당뇨병, 비만과 같은 만성 질환의 위험을 줄일 수 있습니다. 또한, 식물성 식품은 천연 항산화제와 항염증 성분이 풍부해 면역력을 강화하고 암 등의 질병을 예방하는데 도움이 됩니다. 비건 식단은 우리의 신체에 필요한 모든 필수 영양소를 충분히 얻을 수 있습니다. 다양한 종류의 과일, 채소, 곡물, 콩, 견과류, 씨앗, 식물성 우유 등을 섭취함으로써, 우리는 단백질, 탄수화물, 지방, 비타민, 미네랄 등을 균형있게 섭취할 수 있습니다.

비건 라이프 스타일의 환경 이점

비건 식품의 생산은 일반적으로 동물성 식품의 생산보다 훨씬 적은 물과 토지를 사용하며, 그 결과로 이산화탄소와 메탄 같은 온실가스 배출량을 크게 줄일 수 있습니다. 이는 우리가 기후 변화와 싸우는 데 중요한 역할을 합니다. 비건 식품은 또한 자연 자원과 생물 다양성을 보호하는 데 기여합니다. 동물성 식품의 생산은 산림 벌채, 토양 침식, 수질 오염 등의 환경 문제를 야기합니다. 반면에 비건 식품의 생산은 지속 가능하고 친환경적인 방법으로 이루어집니다.

(중략)

비건 라이프 스타일의 동물 복지 이점

비건 라이프 스타일은 동물들에게 고통을 주지 않는 삶의 방식입니다. 동물을 식품 소스로 사용하는 것은 동물에게 인도적이지 않은 조건과 학대를 유발합니다. 비건은 동물들이 존중받고, 자유롭고, 행복하게 살 수 있도록 돕습니다. 비건은 또한 동물들의 권리와 복지를 위해 활동하는 단체들을 지원하고, 동물 착취에 의존하는 산업들을 보이콧합니다.

챗GPT에서
확장 프로그램을 사용하려면?

SECTION 02

챗GPT의 확장 프로그램은 특정 작업을 자동화하고 효율성을 높여줄 뿐만 아니라, 사용자의 선호도와 요구에 맞게 챗GPT를 개인화할 수 있는 기능을 제공합니다.

크롬 확장 프로그램은 구글 크롬 웹 브라우저에서 기능을 추가하거나 변경할 수 있는 소프트웨어입니다. 챗GPT 확장 프로그램은 문장을 쉽게 정리해 주거나 음성으로 묻고 답변할 수도 있으며, 구글 브라우저와 같이 사용할 수 있는 기능 등 사용자가 필요에 의해 편리하게 챗GPT를 사용할 수 있도록 도와주는 프로그램입니다. 자신의 작업에 맞게 설치하거나 불필요할 경우 바로 삭제하면서 다양한 챗GPT 확장 프로그램을 사용해 보세요.

확장 프로그램 검색하고 설치하기

01 │ 크롬 웹 스토어(chrome.google.com/webstore)로 이동한 다음 확장 프로그램이 선택된 상태에서 검색 창에 챗GPT 확장 프로그램 이름을 입력합니다. 예제에서는 영문을 번역해 주는 확장 프로그램인 '프롬프트지니'를 입력합니다.

02 | 검색 항목에 챗GPT 확장 프로그램들이 표시됩니다. 검색된 첫 번째 항목인 '프롬프트 지니'를 클릭합니다.

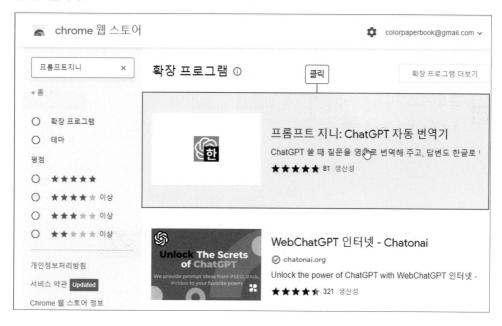

03 | 크롬 웹 스토어로 이동하여 검색하지 않고, 구글 검색 창에 '프롬프트지니'라고 입력한 다음 검색된 항목에서 프롬프트 지니 항목을 클릭해도 바로 이동이 가능합니다.

04 │ 해당 검색 결과 화면이 표시되면 확장 프로그램을 설치하기 위해 (Chrome에 추가) 버튼을 클릭합니다. 프로그램을 추가하는지 묻는 대화상자가 표시되면 (확장 프로그램 추가) 버튼을 클릭합니다.

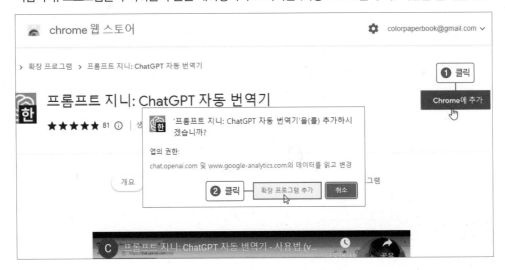

확장 프로그램 제거하기

01 │ 확장 프로그램이 설치되면 챗GPT의 기본 인터페이스에 확장 프로그램에서 제공되는 옵션이 추가되어 표시됩니다. '프롬프트 지니' 프로그램에서는 번역을 위한 프로그램이므로, 자동 번역 옵션과 아이콘이 추가로 표시됩니다. (🖼) 아이콘을 클릭하고 자동 번역 옵션을 클릭하여 활성화합니다.

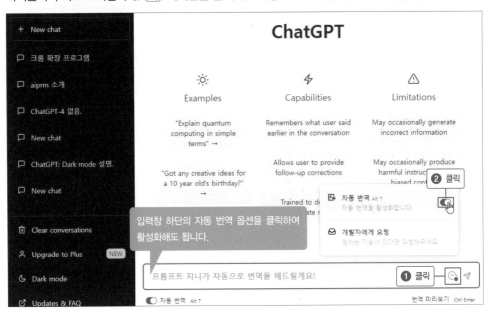

02 | 설치된 프롬프트 지니 확장 프로그램을 제거하기 위해서 크롬 웹 스토어(chrome.google. com/webstore)에서 프롬프트 지니를 검색한 다음 〔Chrome에서 삭제〕 버튼을 클릭합니다. 해당 프로그램을 삭제할 것인지 묻는 대화상자가 표시되면 〔삭제〕 버튼을 클릭합니다. 챗GPT를 실행하면 그림과 같이 확장 프로그램이 삭제되어 기본 인터페이스로 표시되는 것을 확인할 수 있습니다.

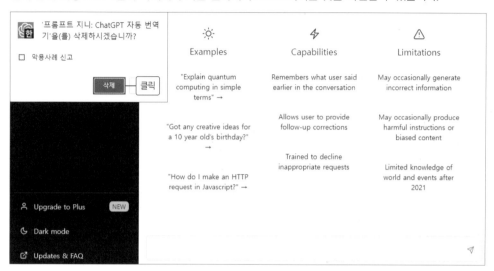

크롬 브라우저에서 확장 프로그램 삭제하기

01 | 크롬 브라우저에서 확장 프로그램을 삭제하기 위해 크롬 브라우저의 〔⋮〕 아이콘을 클릭한 다음 〔도구 더보기〕 → 〔확장 프로그램〕을 선택합니다.

02 | 다음 그림과 같이 현재 설치되어 있는 확장 프로그램이 항목별로 표시됩니다. 삭제하려는 확장 프로그램의 (삭제) 버튼을 클릭하여 프로그램을 삭제합니다.

알아두기 확장 프로그램 비활성화하기

확장 프로그램을 잠시 꺼두기 위해서는 활성화 버튼을 클릭하여 해당 프로그램을 비활성화합니다. 확장 프로그램을 비활성화하면 나중에 해당 확장 프로그램을 사용할 때 다시 설치해야 하는 번거로움이 없습니다.

특화된 **템플릿 프롬프트**로 아이디어를 **구상**하려면?

SECTION 03

챗GPT에 최적화된 템플릿을 제공하는 AIPRM 프로그램은 다양한 분야의 질문에 대한 답변을 할 수 있습니다. 주제와 활동 범위를 설정하여 원하는 분야의 질문을 해보겠습니다.

01 ┃ 구글 입력창에 'AIPRM'을 입력하고 검색 항목에 'AIPRM for ChatGPT' 항목을 클릭하여 [확장 프로그램 추가] 버튼을 클릭합니다. 챗GPT를 실행하고 메뉴를 한글로 표시하기 위해 [번역] 아이콘을 클릭한 다음 [한국어]로 선택합니다. 이제 스타트업 아이템을 선택하기 위해 AIPRM 챗GPT 프롬프트에서 주제를 [마케팅]으로 지정합니다.

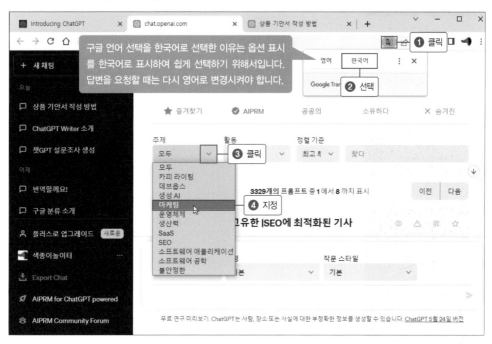

02 │ 활동을 (스타트업 아이디어)로 지정합니다.

03 │ 해당 주제를 검색하여 템플릿 프롬프트를 검색합니다. 첫 번째 템플릿 프롬프트를 클릭합니다.
예제에서는 '스타트업 아이디어 제네레이터'를 클릭하였습니다.

04 │ 질문을 입력하기 전에 구글 브라우저에서 메뉴를 영어로 표시하기 위해 [번역] 아이콘을 클릭한 다음 [영어]를 선택합니다. 입력창에 '무료 배달 서비스 스타트업 아이디어를 알려줘'를 입력합니다.

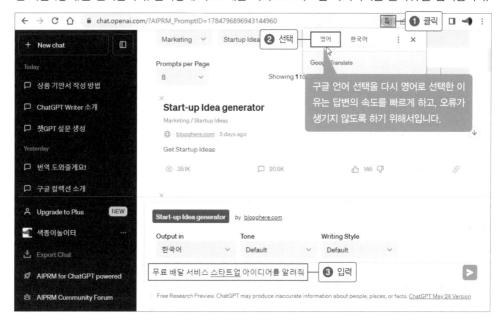

05 │ 다음 그림과 같이 챗GPT가 스타트업 주제에 맞도록 질문한 무료 배달 서비스 스타트업 아이디어 콘텐츠를 제시합니다.

쳇GPT

무료 배달 서비스 스타트업 아이디어를 알려줘.

특정 콘텐츠 주제에 적합하
도록 테마 범위를 선택 지정

• 지역 커뮤니티 기반 배달 서비스

특정 동네나 지역 커뮤니티를 대상으로 한 무료 배달 서비스를 제공하는 아이디어입니다.
예를 들어, 동네 상점과 소비자를 연결하여 음식 배달, 식료품 배달, 가정용 물품 배달 등
다양한 서비스를 무료로 제공할 수 있습니다.

• 광고 기반 배달 서비스

광고를 통해 수익을 창출하면서 무료 배달 서비스를 제공하는 아이디어입니다. 광고주로
부터 광고를 수신하는 사용자에게는 배달 서비스를 무료로 제공하는 방식으로 운영될 수
있습니다. 이를 통해 광고주와 소비자 간의 윈–윈 상황을 조성할 수 있습니다.

• 제품 및 서비스 플랫폼 연계 배달 서비스

다양한 제품이나 서비스를 제공하는 플랫폼과 협업하여 무료 배달 서비스를 제공하는 아
이디어입니다. 예를 들어, 음식 배달 플랫폼과 제품 구매 플랫폼을 연계하여 사용자가 음
식과 함께 다른 상품을 무료로 배달받을 수 있는 서비스를 제공할 수 있습니다.

• 소셜 미디어 기반 배달 서비스

소셜 미디어 플랫폼을 활용하여 무료 배달 서비스를 제공하는 아이디어입니다. 사용자가
특정 이벤트에 참여하거나 소셜 미디어에서 공유하면 배달 서비스를 무료로 이용할 수 있
는 혜택을 부여하는 방식으로 운영될 수 있습니다.

• 동네 물품 배송 서비스

동네 사람들 간에 물품을 서로 배송해주는 서비스를 제공하세요. 이를 통해 이웃들은 작은
물품을 배송할 때 편리하게 서로 도움을 주고받을 수 있습니다. 물품 배송은 거리가 짧아
비용을 절감할 수 있으며, 배송 서비스 수수료를 없애 무료로 제공하는 것이 독특한 특징
입니다.

가장 **최신**
정보를 **확인**하려면?

SECTION 04

챗GPT는 버전에 따라 정보를 제공할 수 있는 날짜가 다릅니다. 검색 정보의 오류는 바로 버전에 따른 정보 제공 날짜에 따른 것이므로, 최신 실시간 정보를 얻기 위해서는 WebChatGPT 확장 프로그램을 설치하여 기능을 업그레이드 해야 하는 반면, 빙은 바로 최신 정보를 검색하여 명확하게 답변을 제시합니다.

챗GPT-3.5의 경우 2021년 9월에 공개되었으며, 제공하는 정보는 해당 시점 이전의 정보까지만 포함됩니다. 따라서, 현재와 차이가 있는 정보를 제공할 수 있습니다. 예를 들어, 2021년 9월 이후에 발생한 사건에 대한 정보나 최신의 경제 지표 등은 제공하지 못할 수 있습니다. 이런 경우 챗GPT에서 최신 정보를 검색할 수 있도록 WebChatGPT 확장 프로그램을 설치하면 웹사이트의 최신 자료를 검색하여 정보 제공이 가능합니다.

다음은 빙에게 2023년 6월 6일자 코스피 지수에 대해 물어보았습니다. 바로 해당 날짜의 자료를 검색하여 답변하는 것을 확인할 수 있습니다.

BING

 2023년 6월 6일 코스피 지수에 대해 알려줘.

"2023년 6월 6일 코스피 지수" 검색

 2023년 6월 6일 코스피 지수는 전일 대비 0.62% 상승한 2,617.43으로 출발했습니다.

자세한 정보 : 1. biz.chosun.com   2. blog.naver.com

01 │ 구글에서 'WebChatGPT'를 입력하여 검색하고 (Chrome에 추가) 버튼을 클릭한 다음 (확장 프로그램 추가) 버튼을 클릭합니다.

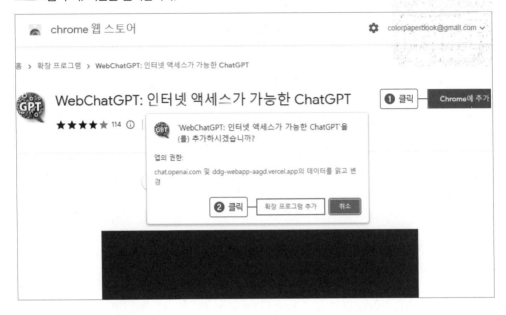

02 │ 하단에 검색 옵션이 표시되면, 입력창에 검색하려는 내용을 입력합니다.

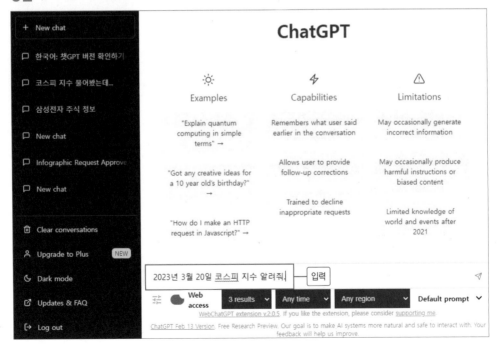

확장 프로그램을 없애기 위해서는 다시 설치 화면으로 되돌아가서 〔Chrome에서 삭제〕 버튼을 클릭하여 삭제합니다.

BEFORE

2023년 6월 6일 코스피 지수에 대해 알려줘.

죄송합니다, 저는 현재 날짜와 실시간 데이터에 접근할 수 없습니다. 제가 알고 있는 정보는 2021년 9월까지의 내용이며, 즉각적인 시장 동향을 제공할 수는 없습니다. 코스피 지수와 같은 실시간 데이터는 주식 시장이 열려 있는 동안 실제 시장 데이터를 참조해야 합니다. 따라서, 주식 시장을 확인하고 싶다면 금융 뉴스 웹사이트, 증권사 웹사이트, 금융 앱 또는 실시간 주식 시세를 제공하는 기타 플랫폼을 이용하시기를 권장합니다.

AFTER

2023년 6월 6일 코스피 지수에 대해 알려줘.

TITLE : 글로벌 경기 연착륙 기대감…6월 코스피 24302650선

CONTENT : 현대차증권은 6월 코스피지수의 밴드를 2430~2650선으로 제시했다. 미국의 자발적인 퇴사율의 낮은 수준과 미국 중산층 소비자 심리지수의 반등은 주가에 긍정적인 영향을 미칠 수 있다고 전문가는 언급했다. 반도체 업황 회복은 지연됐지만 글로벌 경제 연착륙 기대감은 주가의 하단을 지지할 것으로 보인다. 단기적으로는 경계가 필요하며, 중장기적으로는 긍정적인 전망을 유지할 필요가 있다고 분석되었다. 외국인 투자자의 관심은 IT에 집중되어 있으며, 글로벌 경기 연착륙과 새로운 산업의 등장으로 국내 IT 기업들의 수혜 가능성이 높아졌다고 전문가는 언급했다.

요약하자면, 2023년 6월 6일 코스피 지수는 2,617.43으로 시작하여 +0.62% 상승했으며, 현대차증권은 2430~2650선으로 코스피 지수의 밴드를 제시하였다.

빙과 챗GPT로
메일 초안을 작성하려면?

SECTION 05

빙이나 챗GPT를 이용하여 메일 초안을 작성할 수 있습니다. 작성된 메일을 가이드라인으로 검토하고, 메일을 보강하여 작성해 보세요.

빙을 이용한 메일 작성하기

01 | 엣지 브라우저의 오른쪽 상단에 위치한 (빙 검색) 아이콘을 클릭합니다. 메일을 작성하기 위해 작성 주제 입력창에 메일 주제를 입력합니다. 예제에서는 '고객에게 연말 인사 메일을 작성'을 입력하고 톤 옵션에서 (전문가) 버튼을 클릭하였습니다.

02 | 형식에서 (전자 메일) 버튼을 클릭하고 길이에서 (보통) 버튼을 클릭한 다음 (초안 작성) 버튼을 클릭합니다. 메일 초안이 작성된 것을 확인할 수 있습니다. (복사) 아이콘을 클릭하여 메일 작성 시 사용이 가능합니다.

챗GPT로 메일 작성하기

메일 보내는 업무가 많을 경우 메일을 챗GPT로 작성한 다음 바로 G메일 안에서 보낼 수 있습니다. ChatGPT Writer는 OpenAI에서 개발한 브라우저 확장 프로그램입니다. 이 확장 프로그램은 GPT-3.5 기반으로 작동하며, 실시간으로 사용자와 대화하고 메일 텍스트를 생성하는 데 사용됩니다. ChatGPT Writer는 G메일에서 메일의 주제를 받아들이고, 이를 기반으로 적절한 응답을 통해 메일 내용을 생성합니다. ChatGPT Writer는 다양한 주제로 메일을 작성할 수 있습니다. 사용자는 확장 프로그램을 설치하고 G메일에서 작업하면 됩니다.

ChatGPT Writer 확장 프로그램을 이용하면 구글 메일에 별도의 Generate Email 기능이 추가되어 보낼 메일 주제만 정해주면 알아서 해당 주제에 맞게 메일을 초안을 작성합니다.

챗GPT로 메일 초안이 작성되면 이름이나 회사 이름이나 받는 분, 보내는 사람 이름 등 내용을 수정하고 바로 메일 전송이 가능합니다. ChatGPT Writer 확장 프로그램을 이용하면 G메일의 편지 쓰기 기능 안에 챗GPT 입력창이 표시되며, 메일 주제를 입력하여 자동 메일을 작성합니다.

01 구글에서 'ChatGPT Writer'를 검색하고 (Chrome에 추가) 버튼을 클릭합니다. 챗GPT Writer 프로그램을 추가할지 묻는 대화상자가 표시되면 (확장 프로그램 추가) 버튼을 클릭합니다.

02 메일을 작성하기 위해 구글 메일을 실행합니다. (편지 쓰기) 화면 하단에 (ChatGPT Writer) 아이콘을 클릭합니다. 작성할 메일의 주제를 입력한 다음 (Generate Email) 버튼을 클릭합니다. 예제에서는 고객에게 보내는 신년 인사 메일을 요청했습니다.

03 | Response generated 입력창에 주제에 맞게 자동으로 메일 초안을 작성합니다. 특정 이름이나 내용을 수정한 다음 (Insert generated response) 버튼을 클릭합니다.

04 | 메일 창에 해당 메일 내용이 표시됩니다. 메일 내용을 확인 후 수신자 메일 주소를 입력한 다음 (보내기) 버튼을 클릭하여 메일을 전송합니다.

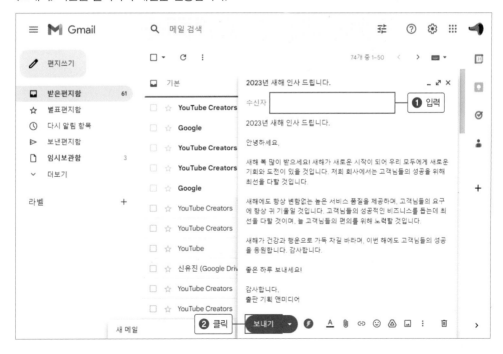

엄청난 자료,
요약해서 정리하려면?

SECTION 06

입력된 긴 문장을 축약하거나 핵심 문장으로 간결하게 전달하는 것이 중요합니다. 챗GPT나 빙을 이용하면 원하는 문장이나 문단을 간략하게 원하는 형태로 요약이 가능합니다.

직장생활에서 넘쳐나는 자료와 정보를 검토하려면 시간과 노력이 필요합니다. 챗GPT의 중요한 기능의 하나로, 문서 요약 기능을 제공합니다. 챗GPT는 입력된 문서를 이해하고 중요한 문장 및 단어를 추출하며, 추출된 정보를 기반으로 요약된 문장을 생성합니다. 또한, 챗GPT는 문맥을 고려하여 문서를 요약하기 때문에, 보다 정확하고 의미 있는 요약문을 생성할 수 있습니다. 챗GPT를 이용하여 내가 필요한 정보를 압축 요약하거나 필요한 만큼의 자료로 정리해 보세요.

글을 요약하기 위해서는 문장에서 가장 중요한 내용을 파악하고 간결하게 정리해야 합니다. 또한 불필요한 문구나 문장은 삭제하고, 필요한 경우 문장을 다시 구성하여 더 명확하고 간결하게 만들 수 있습니다.

다음의 글을 3개의 문장으로 정리해 달라고 요청을 하였습니다.

챗GPT

외국인들이 한국에 방문하면 놀라는 것 여러 문화적 차이 중 한 가지가 한국은 검은색, 흰색, 은색, 회색과 같은 무채색 차량들 밖에 없다는 것이다. 그러나 실제로는 외국도 무채색 색상의 차량이 많다. AXALTA의 자료를 보면 전 세계 기준으로 흰색, 검은색, 회색, 은색의 비율이 순서대로 조사되었다. 네 가지 무채색 비율은 70% 수준으로 3대 중 2대 정도는 무채색 차량이라는 뜻이다. 한국의 경우 흰색, 회색, 검은색, 은색으로 전체 차량의 70%가 무채색이다.

우리나라 사람들이 흰색을 선호하는 이유는 준중형차와 중형차 시장이 가장 크기 때문이다. 차량 구매 대상자의 대부분이 30~50대로, 평일엔 직장을 다니면서 휴일엔 가족과 함께 이동할 수 있는 실용적인 패밀리카를 선호한다. 이런 차량은 권위와 지위를 나타내는 검은색 또는 어두운 계열의 컬러보다 밝은색이 좋으며, 안전이나 차량 관리 면에서 유리한 흰색을 가장 선호한다.

글을 3개의 문장으로 나눠 구성해 줘.

1. 한국을 방문하는 외국인들 중에는 놀라는 것 중 하나가 한국의 도로에서 무채색 차량들만 보인다는 것이다. 그러나 실제로는 전 세계적으로 무채색 차량들이 많이 보급되어 있으며, 한국에서도 전체 차량 중 약 70%가 흰색, 회색, 검은색, 은색과 같은 무채색 차량이다.

2. 한국에서 흰색을 선호하는 이유는 준중형차와 중형차 시장이 가장 크기 때문이다. 차량 구매 대상자의 대부분이 30~50대로, 실용적인 패밀리카를 선호하며, 이는 권위와 지위를 나타내는 검은색 또는 어두운 계열의 컬러보다 밝은색이 좋다. 또한 안전이나 차량 관리 면에서도 유리한 흰색을 가장 선호한다.

3. AXALTA의 자료를 보면 전세계 기준으로 무채색 차량 비율은 70% 수준으로, 네 가지 무채색 비율이 순서대로 조사되었다. 따라서 전 세계적으로 무채색 차량들이 많이 보급되어 있으며, 한국에서도 이는 실용성을 중시하는 패밀리카를 선호하는 사람들의 선호도와 일치한다는 것을 알 수 있다.

글의 핵심은 현재 자동차 색상 중에서 무채색의 자동차 색상이 많이 보급되어 있다는 점, 이러한 현상은 자료를 통해서도 국내뿐 아니라 해외에서도 마찬가지라는 점, 실용적인 패밀리카의 선호로, 안전과 차량 관리 면에서 선호하는 색상이라는 점입니다.

챗GPT가 3개의 문장으로 정리한 글을 보면 정리한 순서만 차이가 있을 뿐 핵심 요점을 잘 분류하였습니다.

이번에는 좀 더 글을 요약하고, 부드럽게 표현하기 위해 경어체로 바꿔볼까요?

 요약해서 경어체로 바꿔줘.

 한국은 검은색, 흰색, 은색, 회색 차량들이 많아 외국인들에게 문화적인 차이로 느껴지지만, 전세계적으로 무채색 비율은 70%로 매우 높습니다. 흰색은 우리나라에서도 가장 선호되는 색상으로, 실용적인 패밀리카를 선호하는 30~50대 차량 구매 대상자들이 많기 때문에 권위나 지위를 나타내는 검은색보다는 밝은 색상을 선호합니다.

문장을 재구성하여 간략하게 요약되었으며, 경어체로 변환된 것을 확인할 수 있습니다.

다음은 홍보용 문구로 정리하기 위해 챗GPT에게 요청하였습니다.

이 글을 한줄의 홍보용 문장으로 요약해 줘.

'한국의 차량 문화에서 놀라움을 느끼는 외국인들, 그러나 실제로는 세계적으로 흰색, 검은색, 회색, 은색의 무채색 차량이 많다. 한국에서 흰색을 선호하는 이유는 바로 실용성과 안전성 때문이다.'

프로젝트를 진행할 때 알아두어야 할 많은 양의 보고서나 참고 자료 등이 있다면 챗GPT를 이용하여 간결하게 자료를 정리하여 보고하거나 참고하여 업무에 활용할 수 있을 것입니다.

정확하게
영문 이메일을 쓰려면?

ChatGPT와 빙은 다양한 언어를 번역할 수 있는 능력이 있습니다. 챗GPT는 영어를 비롯한 여러 주요 언어들을 잘 이해하고 번역할 수 있으며, 특히 영어와 일반적으로 번역에 사용되는 언어들에 대한 번역 품질이 높습니다.

한글에서 영어로의 번역도 일반적으로 잘 처리할 수 있습니다. 그러나 번역의 정확도는 문맥과 구체적인 문장에 따라 달라질 수 있습니다. 번역은 기계 학습 모델의 한계와 문제에 대한 이해, 데이터의 양과 질에 따라 영향을 받습니다. 따라서 번역 결과는 항상 확인하고 조정해야 합니다.

챗GPT나 빙이 가장 잘하는 기능은 바로 영문 번역입니다. 업무상 영문 이메일을 보낼 경우 일반 번역기를 사용하는 방법보다 더 정확하게 영문으로 메일을 보낼 수 있습니다. 단지, 맞춤법이나 문법을 틀리게 작성한 문장은 챗GPT나 빙이 잘못 인식하여 전혀 다른 내용으로 번역할 수 있습니다. 특히, 업무상 영문 메일의 경우 내용을 입력할 경우 정확한 번역을 위해 한글로 작성한 다음 〔맞춤법 검사/교정〕 기능으로 수정한 다음 챗GPT로 번역합니다.

영문 업무 메일의 경우 한번 보낸 메일은 되돌릴 수 없습니다. 정확한 내용 전달을 위해 한글이나 워드 프로그램에 입력한 다음 오탈자를 검토하고 챗GPT로 번역하여 보내는 습관을 들여야 합니다.

빙 앱의 영문 번역

01 | 한글을 실행하고 메일 내용을 입력한 다음 (도구) → (맞춤법)을 클릭합니다.

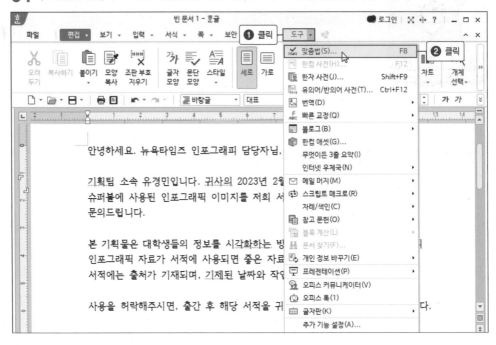

02 | 맞춤법 검사/교정 대화상자에서 검색된 단어를 확인하고 (바꾸기) 버튼을 클릭하여 교정합니다.

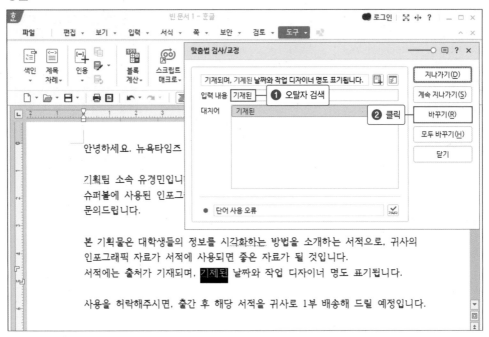

챗GPT

안녕하세요. 뉴욕타임즈 인포그래피 담당자님,

기획 팀 소속 유경민입니다. 귀사의 2023년 2월 5일자 신문 기사에서 사용된 인포그래픽 이미지를 저희 서적에 예시로 사용할 수 있을지 문의드립니다.

본 기획물은 대학생들의 정보를 시각화하는 방법을 소개하는 서적으로, 귀사의 인포그래픽 자료가 서적에 사용되면 좋은 자료가 될 것입니다.

서적에는 출처가 기재되며, 기재된 날짜와 작업 디자이너 명도 표기됩니다.

사용을 허락해주시면, 출간 후 해당 서적을 귀사로 1부 배송해 드릴 예정입니다.

영어로 번역해 줘.

Hello, Dear the New York Times infographic editor.

This is Yoo Kyung-min from the planning team. I am writing to inquire whether we may use the infographic image that was used in your newspaper article on February 5th, 2023 as an example in our book.

Our project is a book that introduces methods for visualizing information for college students, and your infographic material would be a great resource for our book. The source will be cited in the book, and the date and designer's name will also be included.

If you permit us to use the material, we will send one copy of the published book to your company.

새 메일

nytcorpteam@nytimes.com.

Infographic image request

This is Yoo Kyung-min from the planning team. I am writing to inquire whether we may use the infographic image that was used in your newspaper article on February 5th, 2023 as an example in our book.

Our project is a book that introduces methods for visualizing information for college students, and your infographic material would be a great resource for our book. The source will be cited in the book, and the date and designer's name will also be included.

If you permit us to use the material, we will send one copy of the published book to your company.

보내기

업무에 필요한 영어 회화를 학습하려면?

SECTION 08

챗GPT를 이용하여 영어 회화 실력을 향상시키기 위해 다양한 주제에 대해 문장으로 대화를 나눌 수 있습니다. 필요한 상황을 입력하고 회화 주제에 관련된 영어 회화를 학습해 보세요.

챗GPT를 이용하여 영어 회화를 학습할 수 있습니다. 챗GPT 모델에게 영어 대화 주제를 입력하면 입력된 주제와 관련된 다양한 문장을 생성합니다. 생성된 문장을 기반으로 직접 영어 대화를 시도하고 챗GPT 모델이 제시하는 문장 구조와 표현을 따라 학습합니다.

챗GPT는 영어 회화에 자주 사용되는 어휘와 표현을 이해하고 있기 때문에 실제 대화에서 자연스러운 대화법 표현을 폭넓게 사용할 수 있습니다. 예를 들어, 업무 상황에 맞는 영어 회화를 공부하기 위해 챗GPT를 사용할 경우에는 필요한 상황을 폭넓게 질문하고, 세분화된 답변에서 점점 구체적인 회화 상황을 선택하여 질문합니다. 챗GPT를 이용한 공부 학습 방법은 마치 꼬리에 꼬리는 무는 방식으로, 대주제의 카테고리를 질문하고, 카테고리에서 다시 구체적인 상황을 선택하여 질문하는 방식으로 학습하는 것이 편리합니다.

먼저 회사 업무에서 주로 사용되는 영어 회화를 알기 위해 크게 10가지 카테고리를 물어보았습니다.

회사 업무에 가장 많이 사용되는 영어 회화 10가지 알려줘.

 1. 인사말 및 간단한 대화

2. 회의 참여 및 의견 표현

3. 이메일 작성 및 응답

4. 전화 상담 및 메시지 전달

5. 프로젝트 진행 상황 보고

6. 비즈니스 미팅 및 협상

7. 제품/서비스 소개 및 판매

8. 고객 대응 및 불만 처리

9. 문제 해결 및 결정 내리기

10. 업무 계획 수립 및 조정

10개의 카테고리의 챗GPT 답변에서 '고객 대응 및 불만 처리' 영어 회화를 학습하기 위해 다시 '영어 회화 예시'라는 키워드를 넣어 다시 질문합니다. 구체적인 필수 영어 회화 사례의 답변을 확인할 수 있습니다.

 고객 대응 및 불만 처리에 관한 영어 회화 예시를 알려줘.

 고객 대응 및 불만 처리를 위한 영어 회화 예시는 다음과 같습니다:

1. 고객 문의에 대한 응대

Good morning/afternoon/evening. Thank you for calling [회사 이름]. How can I assist you?

Hi, this is [Your Name] speaking. How may I help you?

Thank you for your email. I understand your concern and will do my best to assist you.

I'm sorry to hear that you've had a negative experience. Let's see how we can resolve this issue.

2. 문제 파악 및 확인

Can you please provide me with more details about the issue?

Let me make sure I understand the problem. Can you describe it in more detail?

I see. Let me check our system to see if I can find a solution for you.

I'm sorry, but I need more information to help you with this. Can you provide me with your account number or order number?

3. 문제 해결 방법 제안

I think I know what the problem is. Let me guide you through the steps to resolve it.

I can offer you a refund or a replacement for the product.

We can schedule a technician to come out and fix the issue for you.

I can connect you with a supervisor who can assist you further.

4. 고객 만족도 확인 및 조치

Are you satisfied with the solution we've provided?

Is there anything else I can do to assist you?

I'm glad we were able to resolve the issue for you. Do you have any other questions?

We value your feedback and will take steps to ensure that this issue does not happen again in the future.

원어민과 대화하듯이 영어 회화 공부를 하려면?

빙 앱을 이용하여 마치 미국인과 실시간 대화를 하듯이 영어 회화를 학습할 수 있습니다. 빙 앱을 사용하기 전에 지역과 언어를 United States(English)로 설정한 다음 영어로 대화해 보세요.

01 | 빙 앱을 실행한 다음 왼쪽 상단의 [사용자 설정] 아이콘을 탭하고 [설정]을 탭합니다.

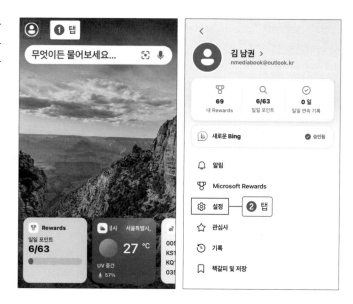

02 | [지역 및 언어]를 탭하면 [국가 및 지역]이 현재 [한국 (한국어)]로 지정되어 있는 것을 확인할 수 있습니다.

03 │ 〔국가 및 지역〕을 〔United States (English)〕로 선택하고 〔<〕 아이콘을 탭하여 이전 화면으로 돌아간 다음 한국어로 설정되어 있는 〔표시 언어〕를 탭합니다.

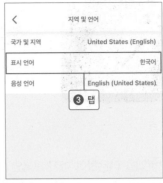

04 │ 〔표시 언어〕를 〔English〕로 선택합니다. 빙 챗 아이콘을 탭하거나 상단의 〔마이크〕 아이콘을 탭합니다.

05 │ 하단의 〔마이크〕 아이콘을 탭한 다음 영어로 간단한 인사와 영어로 대화를 해 봅니다. 마치 미국인과 대화하듯이 자연스러운 영어 회화가 가능합니다.

빙의 대화 음성은 기본적으로 여성의 음성으로 설정되어 있습니다.

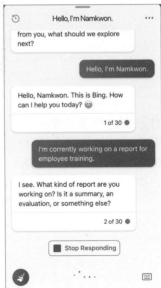

외국어를
번역기로 사용하려면?

SECTION 10

챗GPT는 다양한 주제에 대한 이해와 상황에 맞는 자연스러운 응답을 생성하는 능력을 갖추고 있는 반면, 구글 번역기는 다양한 언어 간의 번역을 처리하는 데 강점을 가지고 있습니다.

챗GPT는 기본적으로 언어 생성 모델로 개발되었기 때문에 번역에 사용되는 전통적인 번역기인 구글 번역기, 네이버 파파고 등 다양한 온라인 번역기와는 목적과 구조가 다릅니다.

챗GPT는 대규모 데이터를 학습하여 다양한 언어의 문법, 어휘, 문장 구조 등을 번역합니다. 따라서, 다양한 언어의 번역을 수행하는 데에도 높은 정확도를 보입니다. 문맥을 파악하는 기술을 사용하여, 문장 전체를 고려한 번역을 수행합니다. 이는 단어 단위의 번역이 아닌, 문장 전체를 이해하여 자연스러운 번역을 제공할 수 있도록 도와줍니다.

실시간 학습 기술을 사용하여, 모델이 사용자의 입력에 대한 번역 결과를 실시간으로 수정하고 개선할 수 있습니다. 이를 통해, 사용자는 더 나은 번역 결과를 받을 수 있습니다. 따라서 챗GPT는 번역기로 사용되기보다는 문장 생성 및 자연어 이해, 요약 등에 더 적합합니다.

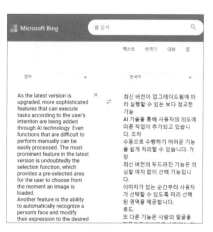

빙 번역기

챗GPT를 활용하여 번역도 가능합니다. 예를 들어, 입력한 문장을 번역하고자 하는 언어로 번역 후 번역된 결과를 챗GPT에 입력하여 문장의 자연스러운 흐름과 문법을 확인할 수 있습니다. 이 방법은 번역의 정확도를 보장하지는 않지만 챗GPT를 활용하여 번역을 개선하고 보완할 수 있는 방법 중 하나입니다.

다음의 글은 저자가 집필하여 출간된 서적의 문장입니다. 이 문장을 챗GPT와 구글 번역기로 번역하여 저자가 의도한 의미와 비교해 보았습니다.

챗GPT

As the latest version is upgraded, more sophisticated features that can execute tasks according to the user's intention are being added through AI technology. Even functions that are difficult to perform manually can be easily processed. The most prominent feature in the latest version is undoubtedly the selection function, which provides a pre-selected area for the user to choose from the moment an image is loaded.

Another feature is the ability to automatically recognize a person's face and modify their expression to the desired style. Without the hassle of taking pictures again because you don't like the photo, you can transform it into a pleasing photo by naturally smiling or modifying your eyes, nose, and mouth.

한국어로 번역해 줘.

최신 버전이 업그레이드되면서 사용자의 의도에 따라 작업을 실행할 수 있는 더욱 정교한 기능들이 AI 기술을 통해 추가되고 있습니다. 수동으로 처리하기 어려운 기능들도 쉽게 처리할 수 있습니다. ❶ 최신 버전에서 가장 돋보이는 기능은 이미지가 로드될 때 사용자가 선택할 수 있는 미리 선택된 영역을 제공하는 선택 기능입니다.

❷ 다른 기능으로는 얼굴을 자동으로 인식하고 원하는 스타일로 표정을 수정할 수 있는 기능입니다. 사진이 마음에 들지 않아 다시 찍어야 하는 불편함 없이 자연스러운 웃음이나 눈, 코, 입을 수정하여 ❸ 마음에 드는 사진으로 변환할 수 있습니다.

구글 번역기

 최신 버전이 업그레이드되면서 AI 기술을 통해 사용자의 의도에 따라 작업을 실행할 수 있는 보다 정교한 기능이 추가되고 있다. 수동으로 수행하기 어려운 기능도 쉽게 처리할 수 있습니다. ❶ 최신 버전에서 가장 눈에 띄는 기능은 이미지가 로드되는 순간부터 사용자가 선택할 수 있도록 미리 선택된 영역을 제공하는 선택 기능입니다.

❷ 다른 기능은 사람의 얼굴을 자동으로 인식하고 원하는 스타일로 표정을 수정하는 기능입니다. 사진이 마음에 들지 않아 다시 사진을 찍어야 하는 번거로움 없이 자연스럽게 웃거나 눈, 코, 입을 수정하여 ❸ 기분 좋은 사진으로 변신할 수 있습니다.

'most prominent feature'는 원본에서 저자의 의도는 '가장 큰 장점인 기능'을 의미하므로, 챗GPT의 '가장 돋보이는 기능'이 구글 번역기의 '가장 눈에 띄는 기능'보다 자연스럽습니다.

또한, 챗GPT에서는 'pleasing photo'를 '만족스러운 사진' 또는 '매력적인 사진'으로 번역된 반면 구글 번역기에서는 '기분 좋은 사진'으로 번역되었습니다. 문맥상으로는 '만족스러운 사진'이 더 어울리는 번역입니다.

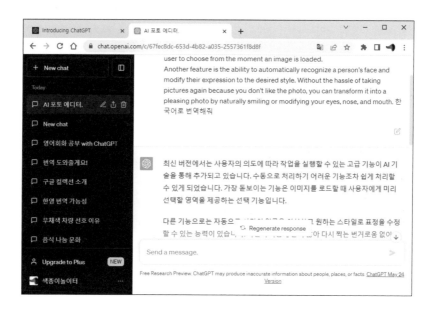

업무상 **설문지**를 **작성**하려면?

챗GPT는 광범위한 텍스트 데이터를 기반으로 학습되었으며, 이 데이터를 이용하여 다양한 주제의 설문 항목을 작성할 수 있습니다.

챗GPT는 다량의 설문 데이터 패턴을 학습하여 문항 생성 능력을 갖추고 있어서 입력된 주제와 관련된 다양한 질문 문항을 생성할 수 있습니다. 생성된 문항을 자동으로 분류할 수 있습니다. 예를 들어, 주관식, 객관식, 복수응답 등의 문항 유형을 자동으로 분류하고, 해당 유형에 맞게 문항을 작성할 수 있습니다. 또한, 생성된 문항을 자동으로 정렬하여 최적의 문항 순서를 결정할 수 있습니다. 이를 통해, 설문지의 논리적인 구성을 유지하면서 응답자들의 편의성을 높일 수 있습니다.

설문지에서는 사용할 질문 유형을 나눠 구성해야 합니다. 예를 들어, 객관식, 주관식, 척도형, 참여형, 열린 질문 등의 질문 유형이며, 질문이 너무 길거나 복잡하면 참여자들이 혼란스러워 할 수 있습니다. 또한 질문의 순서를 고려하여 설문지를 구성해야 하며, 설문지가 깔끔하고 직관적인 레이아웃과 디자인을 갖추어야 합니다.

챗GPT가 작성한 다음의 설문지 구성의 예를 보면 객관식과 주관식, 간결한 질문 유형으로 화장품 사용 만족도를 주제로 초안을 작성한 것을 볼 수 있습니다. 이 상태에서 자사 화장품의 특성에 맞는 추가 설문이나 사용 기간에 따른 설문을 구분하여 설문지를 완성할 수 있을 것입니다.

챗GPT

화장품 사용 만족도 설문지를 작성해 줘.

화장품 사용에 대한 만족도 설문지는 다음과 같이 작성될 수 있습니다.

1. 어떤 종류의 화장품을 사용하고 계십니까?(여러 개 선택 가능) ◁ 설문지 문항 제시

   스킨케어, 메이크업, 바디케어, 헤어케어

   기타 : _____

2. 현재 사용하고 있는 화장품 브랜드는 어떤 것이 있으신가요?

3. 화장품의 효과에 대해 어느 정도 만족하시나요?

   매우 만족함, 다소 만족함, 보통임, 다소 불만족함, 매우 불만족함

4. 화장품의 가격에 대해 어느 정도 만족하시나요?

   매우 만족함, 다소 만족함, 보통임, 다소 불만족함, 매우 불만족함

5. 화장품의 사용감(향, 질감, 흡수성 등)에 대해 어느 정도 만족하시나요?

   매우 만족함, 다소 만족함, 보통임, 다소 불만족함, 매우 불만족함

6. 화장품의 포장 및 디자인에 대해 어느 정도 만족하시나요?

   매우 만족함, 다소 만족함, 보통임, 다소 불만족함, 매우 불만족함

7. 화장품 사용에 관한 의견이나 개선사항이 있다면 자유롭게 작성해주세요.

8. 나이와 성별을 알려주세요.

   성별 : 남성 / 여성 / 성별 기입 거부

   나이 : _____

빙에게 동일한 질문을 하면 챗GPT처럼 직접 설문 조사 항목을 작성하는 대신, 설문 조사 작성을 위한 참고 자료나 템플릿을 검색하여 제공하였습니다. 챗GPT가 작성한 항목은 참고 자료로 활용할 수 있으며, 빙이 작성한 구체적인 설문지 예시를 검색하여 참고하는 것도 좋은 방법일 수 있습니다.

BING

화장품 사용 만족도 설문지를 작성해 줘.

 설문조사를 처음 한다면 좋은 문항 작성 방법에 대한 고민이 많을 수 있습니다. 이를 위해 설문 초보자가 알아야 할 문항 작성 가이드 5가지를 소개합니다. 또한, 소비자 특성에 따른 화장품 품질 인식 및 만족도 연구 결과에 따르면, 소비자들은 화장품 부작용 경험에 따라 화장품 품질 인식 및 만족도가 달라진다는 것을 알 수 있습니다.

당신이 찾는 화장품 만족도 설문지를 작성해주는 사이트를 찾아보았습니다. Survey Monkey에서는 전문가가 인증한 메이크업 제품 기본서식을 제공하고 있습니다. 이 서식은 메이크업 제품을 구매하기 위해 쇼핑하는 방법과 사람들이 메이크업 제품을 구매할 때 어떤 점을 찾아보는지 등을 알아볼 수 있도록 도와줍니다.

자세한 정보 : 1. ko.surveymonkey.com   2. blog.opensurvey.co.kr

빙에게 설문지 작성 요청을 하면, 설문지 작성 요령과 자세한 정보를 링크를 통해 제시합니다.

클릭

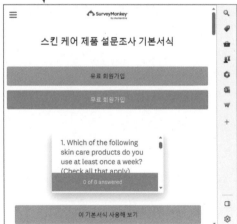

PC에서 **음성**으로 **묻고,**
음성으로 **답변**을 들으려면?

Talk-to-ChatGPT 프로그램을 설치하면 챗GPT 대화창에 음성으로 질문할 수 있는 제어 창이 생성되며, 문자로 질문하지 않아도 음성으로 질문이 가능합니다.

챗GPT에서 타이핑하지 않고, 음성으로 질문한 다음 음성으로 답변을 듣는다면 다른 작업이나 활동을 하면서 챗GPT를 사용할 수 있을 것입니다. 음성으로 질문을 하고, 음성으로 답변을 듣기 위해서는 내 PC에 마이크와 스피커가 작동되어야 합니다.

입출력 장치 확인하기

01 │ PC의 입출력 장치를 확인하기 위해 윈도우의 [검색] 버튼을 클릭한 다음 팝업 메뉴 검색 창에서 '시스템'을 입력합니다.

02 │ 시스템 설정 대화상자가 표시되면 (소리) 항목을 클릭합니다.

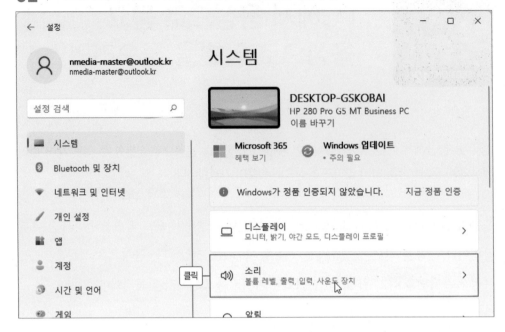

03 │ 입력과 출력 항목에서 마이크 테스트를 확인합니다. 테스트 소리를 낼 때마다 볼륨의 음량 표시가 변경된다면 마이크가 작동되는 것입니다.

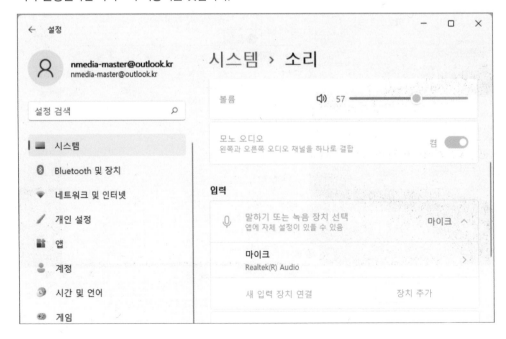

음성으로 질문하고 답변 듣기

01 │ 구글 입력창에 'Talk to ChatGPT'를 입력하여 검색한 항목에서 'Talk-to-ChatGPT'를 클릭합니다.

02 │ Talk-to-ChatGPT 화면이 표시되면 [Chrome에 추가] 버튼을 클릭한 다음 Talk-to-ChatGPT 추가를 질문하는 대화상자가 표시되면 [확장 프로그램 추가] 버튼을 클릭합니다.

03 | 챗GPT 오른쪽 화면 상단에 음성 질문이 가능한 Talk-to-ChatGPT 제어창이 표시됩니다. 음성 질문을 하기 위해 〔▶ START〕 버튼을 클릭합니다.

04 | 마이크에 음성으로 질문을 합니다. 예제에서는 '저탄고지 다이어트에 대해 알려줘.'라고 말하였습니다. 여성 음성으로 질문의 답변과 함께 문장으로 답변이 나타납니다.

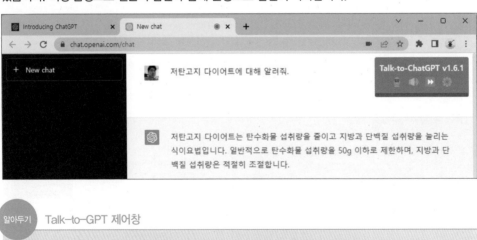

알아두기 Talk-to-GPT 제어창

Talk-to-GPT 제어창에서 제공하는 버튼을 이용하여 음성으로 질문이나 답변 설정 등을 지원합니다.

❶ 음성 인식을 켜거나 끄는 기능
❷ AI 음성 답변을 켜거나 끄는 기능
❸ AI 음성의 일시적으로 답변을 건너뛰는 기능
❹ AI 음성 답변의 언어 선택 및 속도, 단축어 등을 설정

Talk-to-ChatGPT v1.6.1
　　❶　❷　❸　❹

구글과 챗GPT를 같이
사용하려면?

SECTION 13

ChatGPT for Google 확장 프로그램을 이용하면 구글 브라우저 안에 챗GPT를 이용한 답변을 구글 검색과 동시에 받을 수 있습니다.

한 대의 모니터를 이용하여 동시에 자료 검색과 정리를 위해 여러 개의 작업 창을 열어 작업해 보면 불편하기 마련입니다. 구글을 이용하여 검색과 챗GPT를 한 화면에 동시에 사용할 수 있다면 작업의 효율도 높아질 것입니다.

구글 검색기와 챗GPT로 동시 검색하기

01 구글 입력창에 'ChatGPT for Google'을 입력하여 검색한 항목에서 'ChatGPT for Google'을 클릭합니다.

02 │ ChatGPT for Google 화면이 표시되면 〔Chrome에 추가〕를 클릭한 다음 ChatGPT for Google을 추가할지 질문하는 대화상자가 표시되면 〔확장 프로그램 추가〕 버튼을 클릭합니다.

03 │ Theme 옵션을 'Auto', Language를 'Korean'으로 지정한 다음 〔Save〕 버튼을 클릭합니다.

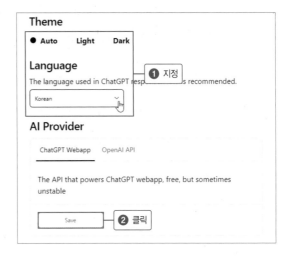

04 │ 구글 크롬 브라우저를 실행시킨 다음 구글 입력창에 'Open AI 회사에 대해 알려줘'라고 질문을 입력합니다. 왼쪽 화면에는 구글 검색기에서 검색한 내용이, 오른쪽 화면에는 별도의 챗GPT 창에 질문에 대한 답변이 표시되는 것을 확인할 수 있습니다.

한글 질문을 영문으로 번역하여 질문하려면?

SECTION 14

번역을 주로 작업하는 사용자라면 프롬프트 지니는 필수입니다. 자동 번역 기능부터 정확한 번역 작업의 효율성을 높여줄 것입니다.

챗GPT에서 질문을 할 때 한글로 질문을 할 경우 답변의 시간이 느려질 수 있고, 잘못 이해하여 엉뚱한 답변을 하거나 영문 답변보다 세세하지 못할 경우도 있습니다. 프롬프트 지니를 이용하면 한글로 질문한 문장을 영문으로 번역하여 답변을 얻고, 한글로 답변을 다시 표시합니다.

챗GPT를 번역기로 사용하기

01 ┃ 검색 사이트 입력창에 '프롬프트 지니'를 입력하여 검색한 항목에서 '프롬프트 지니 -ChatGPT'를 클릭합니다.

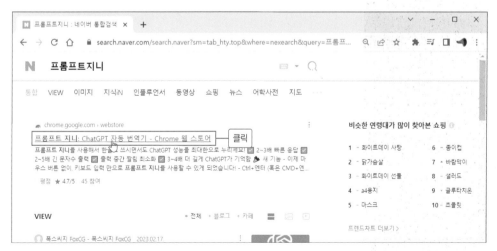

02 │ '프롬프트 지니' 화면이 표시되면 〔Chrome에 추가〕 버튼을 클릭한 다음 프롬프트 지니 챗GPT 추가를 물어보는 대화상자가 표시되면 〔확장 프로그램 추가〕 버튼을 클릭합니다.

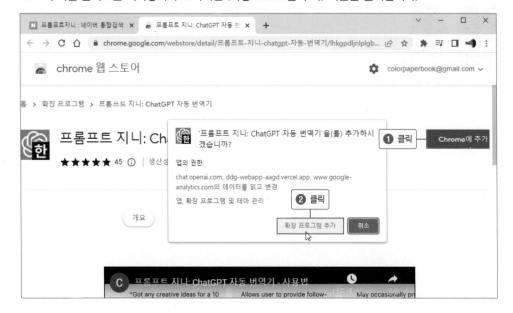

03 │ 챗GPT 화면이 표시되면 입력창 하단에 자동 번역 옵션이 표시되어 있습니다. 기본은 자동 번역이 활성화되어 있는 상태입니다.

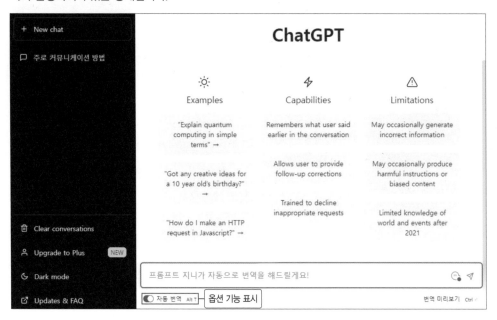

04 | 한글로 질문을 입력하겠습니다. 예제에서는 '프레젠테이션 잘 하는 방법을 알려줘.'라고 입력하였습니다.

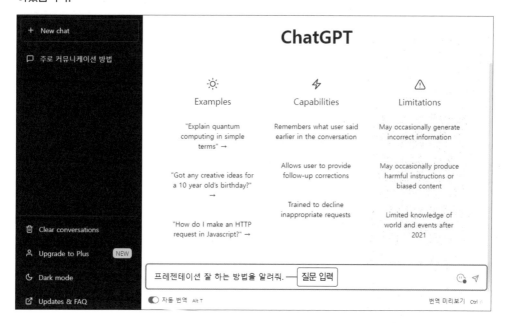

05 | 번역 결과가 표시되며, 입력한 질문이 영문으로 번역되었습니다. 답변 또한 영문으로 표시되었습니다.

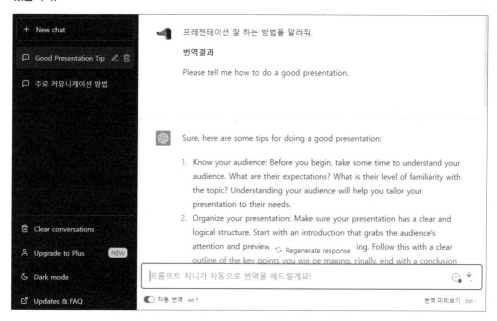

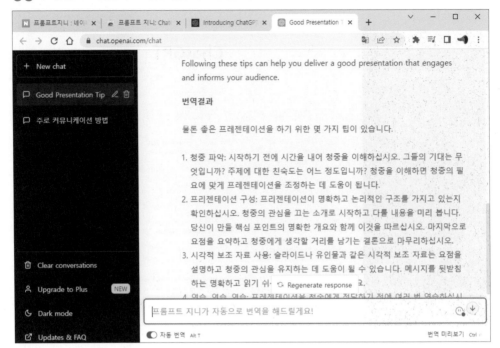

참고

챗GPT

프레젠테이션 잘 하는 방법을 알려줘.

번역 결과

Please tell me how to do a good presentation.

Sure, here are some tips for doing a good presentation :

1. Know your audience : Before you begin, take some time to understand your audience. What are their expectations? What is their level of familiarity with the topic? Understanding your audience will help you tailor your presentation to their needs.

2. Organize your presentation : Make sure your presentation has a clear and logical structure. Start with an introduction that grabs the audience's attention

and previews what you will be covering. Follow this with a clear outline of the key points you will be making. Finally, end with a conclusion that summarizes your main points and leaves the audience with something to think about.

3. Use visual aids : Visual aids such as slides or handouts can help to illustrate your points and keep your audience engaged. Be sure to use clear and easy-to-read visuals that support your message.

4. Practice, practice, practice : Practice your presentation several times before delivering it to your audience. This will help you feel more confident and familiar with the material. It will also give you a chance to work out any kinks in your delivery.

5. Engage your audience : Keep your audience engaged by using storytelling, asking questions, or using interactive activities. Encourage audience participation and feedback throughout your presentation.

6. Be confident and enthusiastic : Your audience will respond to your energy and enthusiasm. Speak clearly and confidently, and use gestures and facial expressions to reinforce your message.

7. Stay within your time limit : Respect your audience's time by staying within your allotted time. Practice your presentation to make sure you can deliver your message effectively within the time you have.

Following these tips can help you deliver a good presentation that engages and informs your audience.

번역 결과

좋은 프레젠테이션을 하기 위한 몇 가지 팁이 있습니다.

1. 청중 파악 : 시작하기 전에 시간을 내어 청중을 이해하십시오. 그들의 기대는 무엇입니까? 주제에 대한 친숙도는 어느 정도입니까? 청중을 이해하면 청중의 필요에 맞게 프레젠테이션을 조정하는 데 도움이 됩니다.

2. 프리젠테이션 구성 : 프리젠테이션이 명확하고 논리적인 구조를 가지고 있는지 확인하십

시오. 청중의 관심을 끄는 소개로 시작하고 다룰 내용을 미리 봅니다. 당신이 만들 핵심 포인트의 명확한 개요와 함께 이것을 따르십시오. 마지막으로 요점을 요약하고 청중에게 생각할 거리를 남기는 결론으로 마무리하십시오.

3. 시각적 보조 자료 사용 : 슬라이드나 유인물과 같은 시각적 보조 자료는 요점을 설명하고 청중의 관심을 유지하는 데 도움이 될 수 있습니다. 메시지를 뒷받침하는 명확하고 읽기 쉬운 시각 자료를 사용하세요.

4. 연습, 연습, 연습 : 프레젠테이션을 청중에게 전달하기 전에 여러 번 연습하십시오. 이것은 당신이 자료에 대해 더 자신감을 갖고 친숙해지는 데 도움이 될 것입니다. 그것은 또한 당신에게 배달의 꼬임을 해결할 기회를 줄 것입니다.

5. 청중 참여 유도 : 스토리텔링, 질문 또는 대화형 활동을 사용하여 청중의 참여를 유지하십시오. 프레젠테이션 전반에 걸쳐 청중의 참여와 피드백을 장려하십시오.

6. 자신감과 열정을 가져라 : 청중은 당신의 에너지와 열정에 반응할 것이다. 명확하고 자신 있게 말하고 몸짓과 표정을 사용하여 메시지를 강화하십시오.

7. 시간 제한 준수 : 할당된 시간을 준수하여 청중의 시간을 존중하십시오. 주어진 시간 내에 효과적으로 메시지를 전달할 수 있도록 프레젠테이션을 연습하십시오.

이러한 팁을 따르면 청중을 참여시키고 정보를 제공하는 좋은 프레젠테이션을 제공하는 데 도움이 될 수 있습니다.

월스트리트 저널 영상을 문장으로 정리하려면?

SECTION 15

챗GPT를 이용하여 영상을 보지 않고도 출연자가 말하는 내용을 인식하여 문장으로 정리할 수 있으며, 영상 내용을 요약하거나 번역할 수도 있습니다. 유튜브 영상을 텍스트화하면 키워드로 특정 단어나 영상의 장면을 빠르게 찾을 수 있는 장점도 있습니다.

　YouTube Summary with ChatGPT 확장 프로그램을 사용하면 유튜브 화면에 영상을 텍스트로 정리해 주는 기능이 추가됩니다. 이렇게 정리된 텍스트는 문서화 할 수 있으며, 요약 정리할 수도 있습니다. 다시 스크립트로 정리하여 텍스트 위주의 영상이나 다른 형태의 영상으로 제작도 가능합니다.

영상을 문장화하기

01 | 구글 입력창에 'YouTube Summary with ChatGPT'를 입력하여 검색한 항목에서 'YouTube Summary with ChatGPT'를 클릭합니다. YouTube Summary with ChatGPT 화면이 표시되면 (Chrome에 추가) 버튼을 클릭한 다음 YouTube Summary with ChatGPT 추가할 것인지를 질문하는 대화상자가 표시되면 (확장 프로그램 추가) 버튼을 클릭합니다.

02 유튜브로 이동한 다음 월스트리트 저널 영상을 재생해 봅니다. 오른쪽 화면 상단에 (Transcript & Summary) 버튼을 클릭합니다.

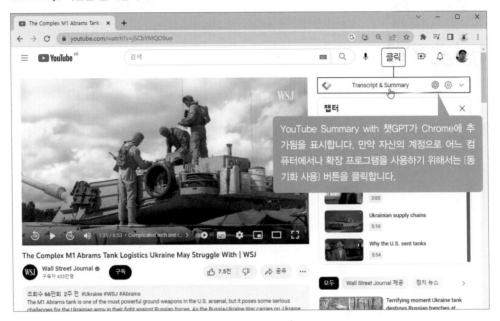

03 오른쪽의 Transcript & Summary 창에 영상 강의가 재생 시간 단위로 문장으로 표시되었습니다.

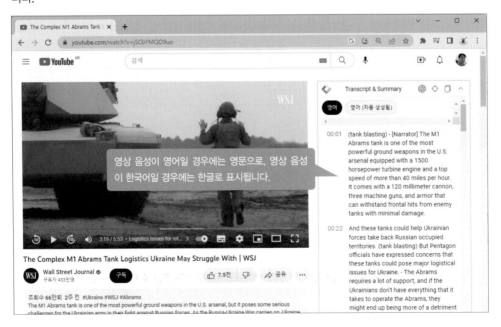

04 챗GPT를 이용하여 한글로 번역해 보겠습니다. 문장을 복사해 붙여넣기 위해 'Copy Transcript' 아이콘(📋)을 클릭합니다.

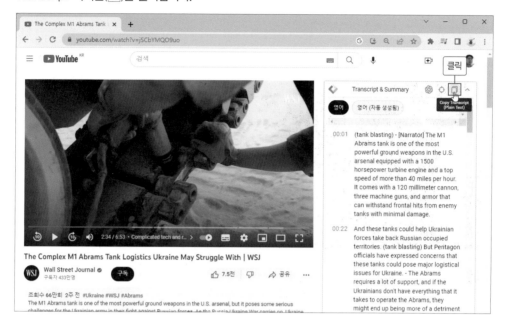

05 챗GPT에서 입력창에 Ctrl+V를 눌러 영상에서 추출한 문장을 붙여넣은 다음 추가로 '문장을 번역해 줘'라고 요청을 하였습니다. 영상의 음성이 한글로 번역된 것을 확인할 수 있습니다.

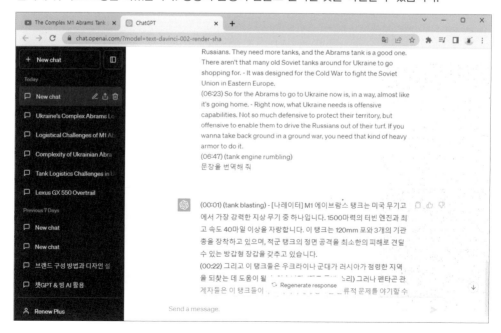

06 이번에는 영상의 내용을 한글 문장으로 요약하기 위해 유튜브 영상에서 [View AI Summary] 아이콘을 클릭합니다.

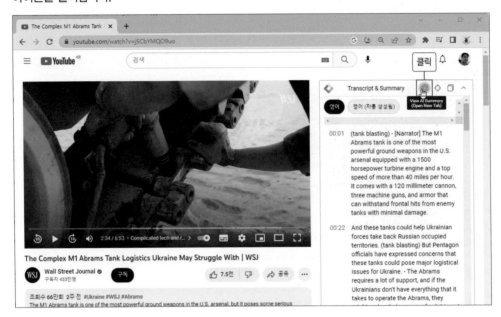

07 챗GPT가 실행되면서 영상의 핵심 내용을 요약해서 영문으로 답변을 제시합니다. '문장을 번역해 줘'라고 요청하면 한글 문장으로 영상의 내용을 요약하여 정리합니다. 영상을 시청하지 않고도 영상 내용을 검토할 수 있습니다.

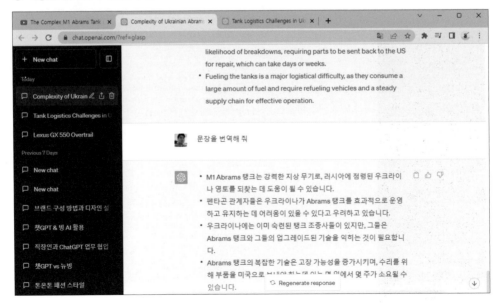

보고서 작성에 필요한 이미지를 제작하려면?

원하는 이미지 검색이 어렵거나 창의적으로 상상하여 만들어야 하는 이미지일 경우, 마이크로소프트 빙 이미지 크리에이터를 이용하여 빠르게 이미지 제작이 가능합니다. 이미지 생성을 위한 프롬프트 작성 방법을 알아봅니다.

주제에 맞는 사진이나 이미지를 제공하는 이미지 서비스는 많지만, 자신이 원하는 형태의 이미지를 얻기는 쉽지 않습니다. 이런 경우 AI 이미지 제작 프로그램을 이용하면 주제에 맞게 원하는 스타일의 이미지를 얻을 수 있습니다.

빙 이미지 크리에이터는 마이크로소프트의 빙 검색엔진의 새로운 기능으로, 원하는 키워드를 입력하면 관련된 이미지를 자동으로 생성해 주는 서비스입니다. 이 서비스는 DALL-E를 기반으로 합니다. 브라우저에서 Bing Image Create 페이지로 이동하여 도구에 액세스하려면 마이크로소프트 계정에 로그인해야 합니다. 이 서비스를 사용하면 원하는 이미지를 생성할 수 있습니다.

이미지를 생성하기 위해서는 다음과 같이 구체적으로 기술합니다.

형용사 + 명사 + 동사 + 스타일

빙 이미지 크리에이터에서 생성된 이미지의 경우 저작권 문제에 대해 걱정할 필요가 없습니다. 해당 사이트를 통해 생성되는 이미지는 고품질이며, 인공지능(AI) 기술을 활용하여 키워드와 관련된 이미지를 실시간으로 생성합니다. 이 서비스는 현재 무료로 이용할 수 있으며, 이미지 생성 개수 제한도 없습니다.

빙 이미지 크리에이터 실행하기

01 | 마이크로소프트 빙 이미지 크리에이터(bing.com/images/create)로 이동합니다. (가입 및 만들기) 버튼을 클릭합니다.

02 | 로그인 화면이 표시되면 마이크로소프트 계정으로 로그인하기 위해 계정 등록 메일 주소를 입력하고 (다음) 버튼을 클릭합니다. 암호를 입력한 다음 (로그인) 버튼을 클릭합니다.

03 │ 다음 번에 다시 로그인할 필요가 없다면
로그인 상태를 유지하기 위해 〔예〕 버튼을 클릭합
니다.

이미지 프롬프트 작성하기

01 │ 빙 이미지 크리에이터 홈 화면이 표시되면 입력창에 제작하려는 이미지를 표현하여 입력합니
다. 예제에서는 지구 온난화 보고서에 사용될 이미지를 만들어 보겠습니다.

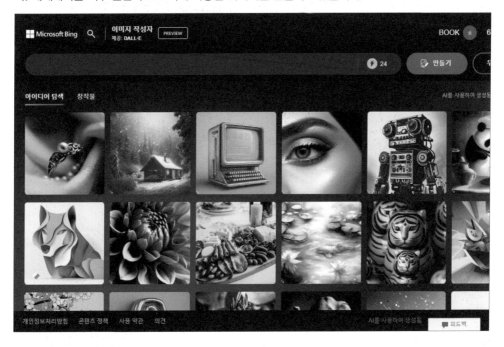

02 | 입력창에 '북극곰, 작은 얼음 위에 앉아있는 곰, 지구 온난화, 사진 스타일'이라고 입력하고 Enter를 누릅니다.

03 | 이미지 제작 작업이 진행됩니다. 입력한 문장에 맞게 4개의 이미지를 제시합니다. 첫 번째 이미지를 선택하기 위해 이미지를 클릭합니다.

04 | 얼음 위에 앉아있는 북극곰 이미지를 확인할 수 있습니다. 마음에 든다면 〔다운로드〕 버튼을 클릭하여 내 PC에 저장합니다.

알아두기 배경 이미지 조정하기

배경 이미지를 삭제하려면 배경 색상을 흰색으로 추가 입력하면 됩니다. 입력창에 '북극곰, 작은 얼음 위에 앉아있는 곰, 지구 온난화, 배경은 흰색, 사진 스타일'이라고 입력하였습니다.

05 | 이번에는 입력창에 '해변, 해일, 떠내려가는 집과 자동차, 도망가는 사람들, 사진 스타일'이라고 입력하였습니다.

흔히 구할 수 있는 이미지는 이미지를 검색하거나 구입하여 사용이 가능하지만, 상상한 이미지나 사용자가 원하는 주제가 있는 이미지는 빙 이미지 크리에이터를 이용하여 제작해 보세요.

06 | 마음에 드는 이미지를 클릭하여 확인한 다음 (다운로드) 버튼을 클릭합니다.

07 │ 입력창에 '산불, 불에 타는 나무들, 연기, 불길에 도망가는 사슴, 사진 스타일'이라고 입력합니다.

08 │ 마음에 드는 이미지를 클릭하여 확인한 다음 (다운로드) 버튼을 클릭합니다.

빙 이미지 크리에이터로 온난화 보고서에 필요한 장면을 제작한 이미지

마이크로소프트 디자이너로 홍보용 디자인 요소를 만들려면?

실무 디자인 작업 과정에서 한번에 작업 결과물을 얻는 것은 현실적으로 불가능합니다. 디자이너가 디자인 시안을 여러 스타일로 작업을 하면, 다양한 의견과 아이디어를 제안받아 선택된 작업물에서 다시 다양한 형태로 발전시킵니다. 이러한 작업 패턴을 반복하여 최종 완성도 있는 결과물을 얻게 됩니다.

마이크로소프트 디자이너 프로그램도 마찬가지로, 사용자가 주제를 프롬프트로 입력을 하면, AI 기능을 이용하여 주제에 맞게 작업물을 제시합니다. 사용자는 마음에 드는 이미지를 선택한 다음 새로운 아이디어로 작업물을 다양화시킵니다. 다양하게 제시하는 작업물을 선택하여 원하는 형태로 수정이 가능하고, 다시 선택된 작업물을 기준으로 작업물을 발전시킬 수 있습니다.

가로 형태의 배너 이미지 만들기

01 │ 마이크로소프트 디자이너를 실행하기 위해 브라우저에서 'designer.microsoft.com'을 입력합니다.

02 | 만들고 싶은 디자인을 입력하는 창이 표시됩니다. 입력창에 만들려는 디자인을 묘사해서 문장으로 입력합니다.

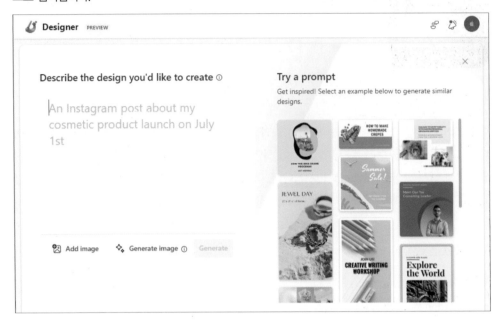

03 | 예제에서는 '온라인 쇼핑, 온라인 배너 제작, SUMMER SALE 50%'를 입력한 다음 (Generate) 버튼을 클릭하였습니다.

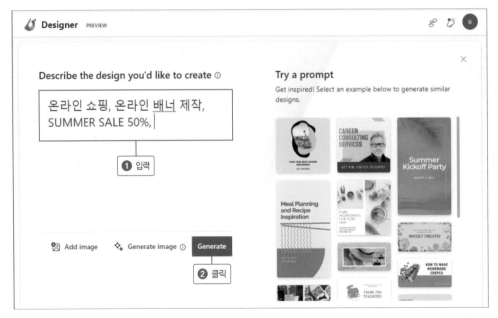

04 | 오른쪽 화면에 마이크로소프트 디자이너가 만든 배너 광고 이미지를 제시합니다. 제시된 이미지를 보면서 마음에 드는 이미지를 클릭합니다.

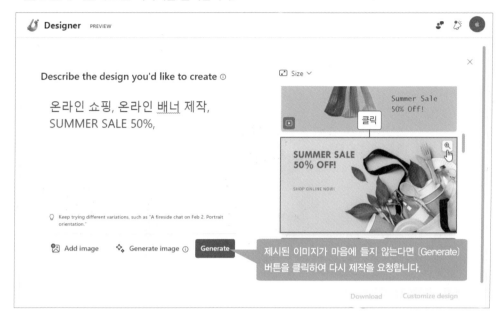

05 | 마음에 드는 이미지를 클릭한 상태에서 사용자가 원하는 형태로 수정하기 위해 (Customize design) 버튼을 클릭합니다.

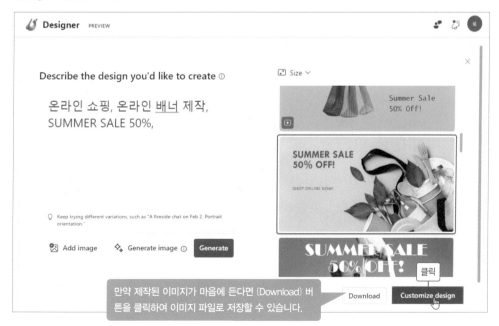

06 │ 선택된 이미지가 작업 영역에 표시됩니다. 이미지를 화면에 알맞게 표시하기 위해 메뉴 상단의 확대/축소 옵션을 이용하여 지정합니다. 예제에서는 50%로 지정하였습니다.

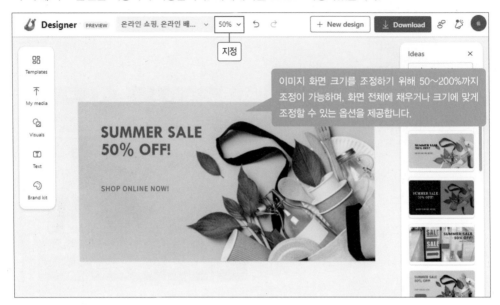

07 │ 입력된 문자 크기를 조정하기 위해 문자를 클릭하여 드래그하는 방식으로 문자 크기와 위치를 변경합니다.

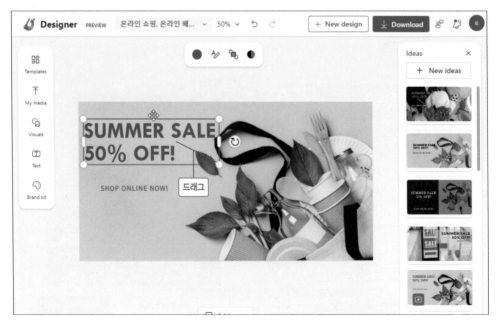

08 │ 상단에 컬러 옵션을 클릭하면 왼쪽 화면에 컬러박스가 표시됩니다. 여기에서 원하는 컬러를 선택하여 수정합니다. 예제에서는 보라색을 선택하여 문자 색상을 변경하였습니다.

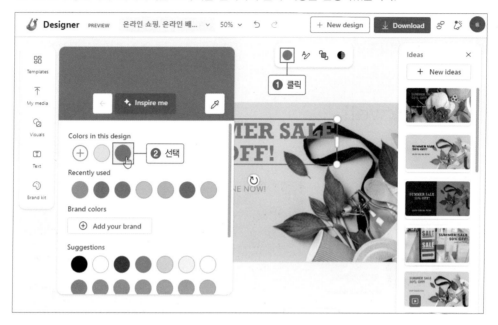

09 │ 텍스트 요소를 추가할 경우에는 왼쪽 화면의 (Text)를 클릭한 다음 제시하는 텍스트 요소를 클릭합니다. 예제에서는 필기체 형태의 텍스트 요소를 클릭하여 이미지에 추가합니다. 이미지가 완성 되면 상단의 (Download) 버튼을 클릭하여 파일을 저장할 수 있습니다.

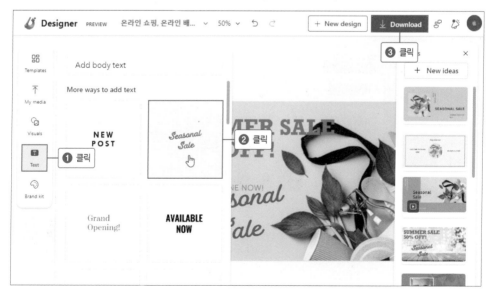

작업 결과물 다양화하기

01 | 작업한 이미지를 새로운 아이디어로 다른 형태의 결과물을 얻기 위해 (+ New ideas) 버튼을 클릭합니다. 작업한 이미지를 기준으로 다양한 결과물을 제시합니다. 변형된 작업물을 제시한 이미지를 슬라이더로 드래그하여 확인합니다. 마음에 드는 이미지가 있으면 클릭하여 작업 영역에 표시합니다.

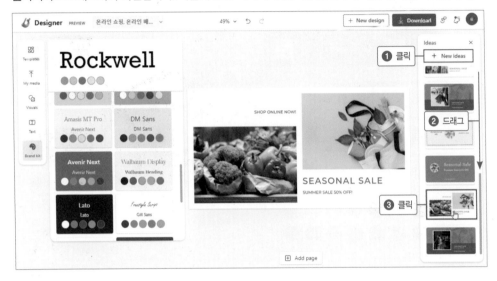

02 | 작업 파일을 이미지 파일로 PC에 저장하기 위해 (Download) 버튼을 클릭하고 표시되는 화면에서 파일 유형을 지정한 다음 (Download) 버튼을 클릭하여 저장합니다.

세로 형태의 홍보 마케팅 표지 만들기

01 │ 마이크로소프트 디자이너를 실행하기 위해 브라우저에서 'designer.microsoft.com'을 입력합니다. 입력창에 '보고서 표지 제작, SUMMER SALE, 마케팅 보고서'를 입력한 다음 〔Generate〕 버튼을 클릭합니다.

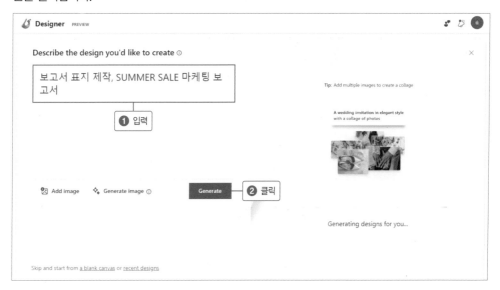

02 │ 화면 상단의 Size 옵션에서 세로형 사이즈를 선택하기 위해 〔Size〕를 클릭하고 〔Portrait〕를 선택합니다. 이미지를 생성하기 위해 〔Generate〕 버튼을 클릭합니다.

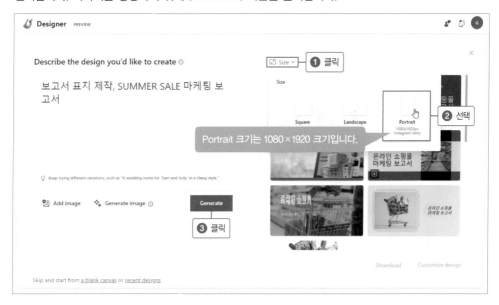

03 │ 오른쪽 화면에 입력한 문장을 기준으로 이미지가 생성되면 마음에 드는 이미지를 클릭한 다음 (Customize design) 버튼을 클릭합니다.

04 │ 변경하려는 영역을 클릭하여 원하는 컬러나 문자를 입력하여 이미지를 완성합니다. 완성된 이미지를 저장하기 위해 (Download) 버튼을 클릭합니다.

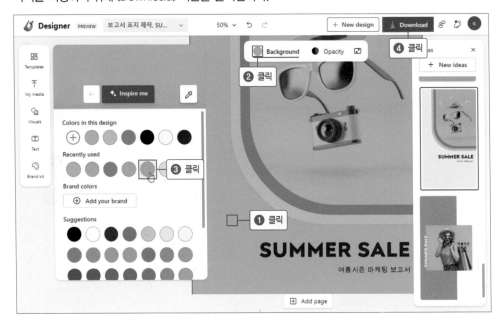

템플릿을 이용하여 이미지 제작하기

01 │ 마이크로소프트 디자이너가 제공하는 템플릿을 이용하여 이미지 제작이 가능합니다. 입력창에 제작하려는 이미지를 표현하는 키워드를 입력합니다. 마음에 드는 이미지를 클릭한 다음 〔Customize design〕 버튼을 클릭합니다.

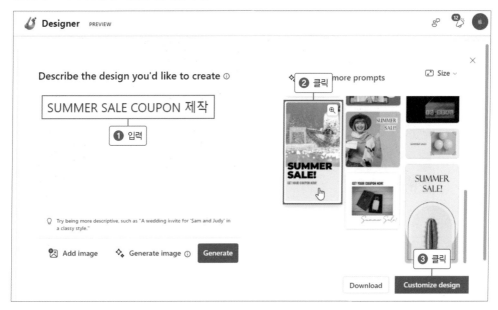

02 │ 작업 영역에 이미지를 불러온 다음 왼쪽 메뉴에서 〔Templates〕를 클릭합니다.

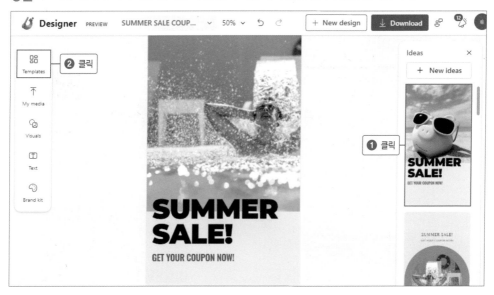

03 | 검색 창에 'SUMMER SALE COUPON'이라고 입력합니다. 관련 이미지가 검색되면 마음에
드는 이미지를 클릭합니다. 선택한 템플릿 이미지가 작업 영역에 표시됩니다. (Download) 버튼을 클
릭하여 이미지를 저장합니다.

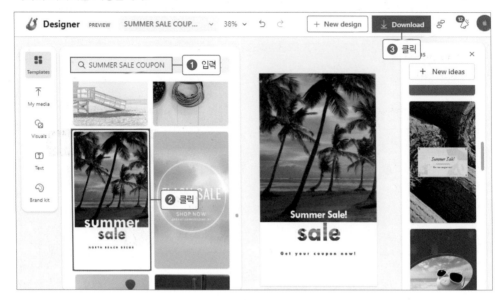

04 | 다양한 형태의 결과물을 얻기 위해서는 (+ New ideas) 버튼을 클릭합니다. 선택한 템플릿 이
미지를 기준으로 다시 작업물을 제시합니다. 원하는 이미지를 클릭한 다음 완성된 이미지를 저장하기
위해 (Download) 버튼을 클릭합니다.

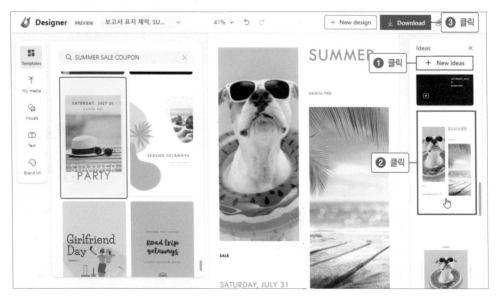

PC에 저장된 이미지를 이용한 합성 결과물 얻기

예제 파일 다운로드 : 13쪽 참조
예제 파일 : 보드.jpg

01 | 기존 PC에 있는 사진을 이용하여 주제에 맞는 작업물을 합성해 보겠습니다. 예제에서 입력창에 '여행 가이드, 해외 여행 가이드북'으로 입력한 다음 이미지를 추가하기 위해 (Add Image)를 클릭합니다. 팝업 메뉴에서 (From this device)를 클릭합니다. (열기) 대화상자가 표시되면 소스 폴더에서 '보드.jpg' 파일을 선택하고 (열기) 버튼을 클릭합니다.

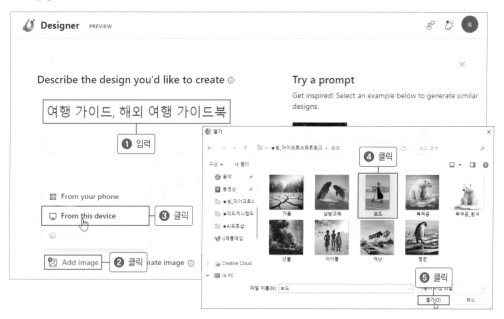

02 | 합성하려는 이미지가 업로드되었습니다. (Geneate) 버튼을 클릭하여 입력한 주제에 맞게 이미지를 만드는 과정에서 업로드한 사진을 합성하여 이미지를 만듭니다.

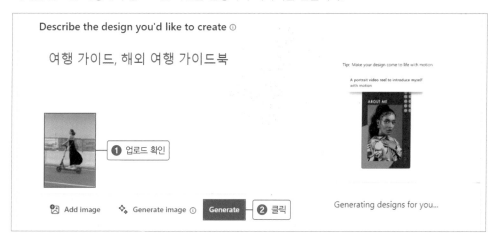

03 │ 오른쪽 화면에 이미지 소스를 이용하여 제작한 이미지 시안을 제시합니다. 마음에 드는 이미지를 클릭한 다음 (Customize design) 버튼을 클릭합니다.

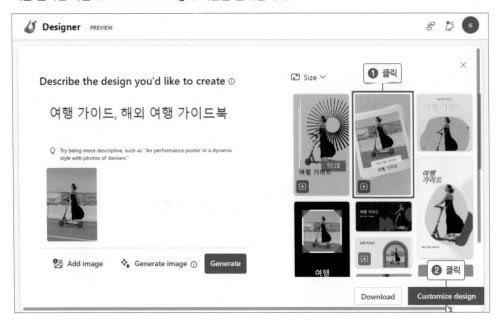

04 │ 그림과 같이 배경과 테두리, 문자 등이 이미지와 합성되어 작업물이 표시됩니다. 예제에서는 이미지 하단의 문자 테이프의 배경색을 변경해 보겠습니다.

05 │ 문자 테이프를 클릭하면 표시되면 색상 옵션에서 '노란색'을 지정합니다. 문자 테이프 색상이 노란색으로 변경된 것을 확인할 수 있습니다.

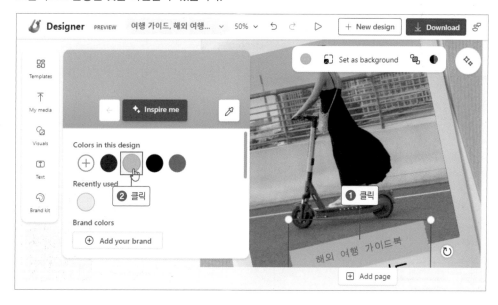

06 │ 이미지가 완성되면 (Download) 버튼을 클릭하고 표시되는 화면에서 파일 포맷을 'JPEG'로 지정한 다음 (Download) 버튼을 클릭하여 PC에 저장합니다.

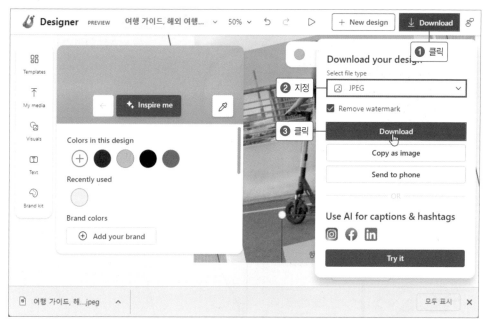

PART

마이크로소프트 빙 &
엑셀 활용하기

빙은 챗GPT를 좀 더 쉽게 사용할 수 있게 지원하고 있어서 업무에 좀 더 쉽게 응용할 수 있습니다. 특히, 실무에서 많이 사용하는 엑셀에서 다소 까다롭게 여겨지는 함수나 수식 기능도 빙의 도움을 받으면 훨씬 쉽게 입력할 수 있습니다. 지금부터 챗GPT를 품은 빙의 도움을 받아 엑셀을 좀 더 효과적으로 사용할 수 있는 방법을 소개합니다.

복잡한 숫자를
셀에 맞춰 표현하려면?

SECTION 01

빙은 엑셀에서 어려워하는 함수를 활용한 여러 계산 수식을 직접 만들지 않고, 만드는 방법을 알지 못해도 적절한 함수를 활용할 수 있는 방법을 제시합니다. 단순한 수식 외에도 엑셀 사용법을 단계별로 알려주며 여러 응용 방법까지 알려주기 때문에 어렵지 않게 엑셀을 다루고 사용할 수 있습니다. 먼저 빙을 활용하여 직접 활용할 수 있는 테이블을 만들어 보겠습니다.

엑셀 테이블 만들기

01 │ 4개 지점의 전월, 당월 매출 금액을 기준으로 목표달성률과 월간증감률이 표시된 엑셀 문서를 만들기 위해서 우선 매출 관련 문서 작성 방법을 물어보겠습니다. '4개 지점 동대문지점, 성동지점, 강남지점, 서초지점의 목표, 전월매출, 당월매출, 목표달성률, 전월대비 당월증감률이 표시된 엑셀 테이블 만드는 방법을 알려줘'를 입력하고 [▶] 아이콘을 클릭합니다.

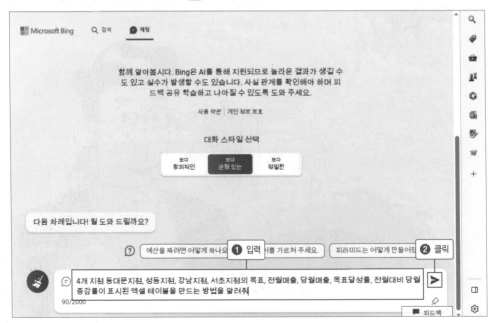

02 빙이 기본적인 엑셀 문서를 만드는 방법을 통해서 표를 만드는 방법과 관련된 링크를 제시합니다.

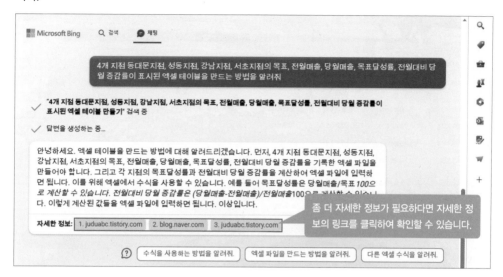

03 설명만으로 직접 만드는 것은 한계가 있을 수 있습니다. 이미 엑셀로 매출 관련 테이블 만드는 방법을 물어보았기 때문에 관련된 추가 정보를 입력하여 테이블을 생성하겠습니다. '4개 지점의 목표는 100000000, 동대문지점 전월매출 87652400, 당월매출 89564500, 성동지점 전월매출 78968900, 당월매출 98798500, 강남지점 전월매출 88675900, 당월매출 98530400, 서초지점 전월매출 99894000, 당월매출 85930400으로 테이블을 만들어 줘'라고 좀 더 세부 정보를 입력하고 〔▷〕 아이콘을 클릭합니다.

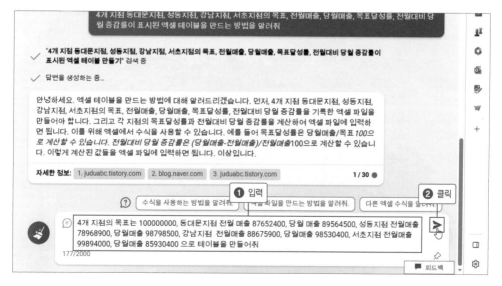

04 | 빙이 엑셀에서 사용할 수 있는 테이블을 입력된 값으로 만든 예시까지 확인할 수 있습니다.

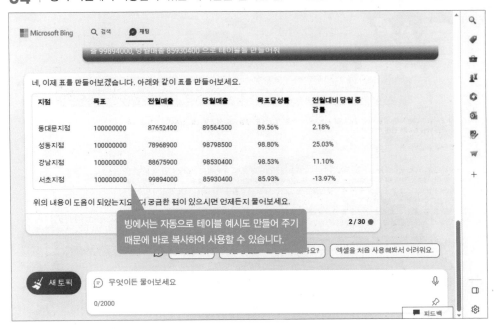

05 | 입력된 값으로 만들어진 테이블을 복사하여 엑셀에 붙여넣기 위해 빙에서 예시로 만들어준 테이블 부분을 드래그하여 선택하고 Ctrl+C 를 눌러 복사합니다.

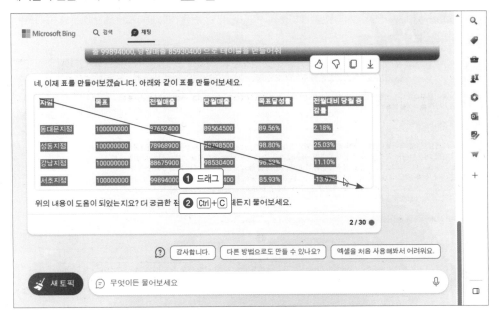

06 복사된 테이블을 붙여넣기 위해 엑셀의 A1 셀을 선택하고 `Ctrl`+`V`를 누릅니다. 빙에서 만들어준 테이블이 붙여넣기 됩니다.

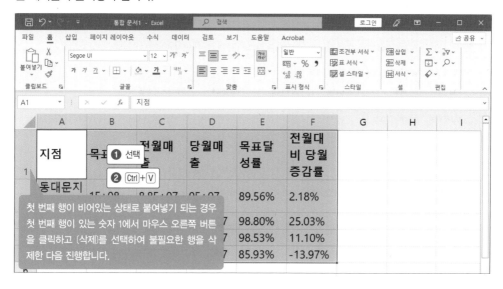

숫자 보기 형식 변경하기

01 붙여넣기 한 테이블의 숫자들이 다른 형식으로 표시된 것을 확인할 수 있습니다. 이는 엑셀의 자릿수 제한이 12자리 이상이거나 숫자보다 셀의 크기가 작은 경우 변경되기 때문입니다. 우리가 흔히 보는 숫자 형식이 아니기 때문에 보기 형식을 변경해야 합니다.

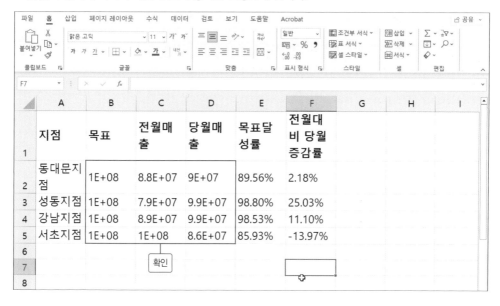

02 │ 셀에 입력된 숫자 표시 방법을 변경하기 위해 빙에서 '테이블의 숫자가 정확하게 표시되지 않았는데 수정하는 방법을 알려줘'를 입력하고 〔▶〕 아이콘을 클릭합니다.

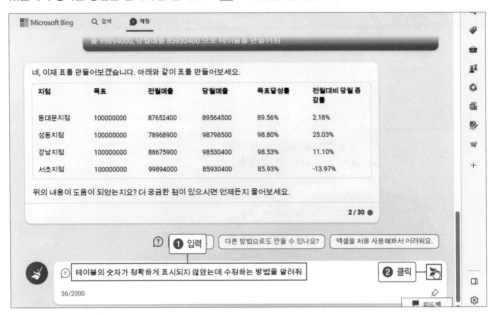

03 │ 제시된 답변을 보면 숫자를 수정하라고 알려주는 것을 확인할 수 있습니다. 이 답변은 희망하는 답변이 아니기 때문에 다시 질문을 해야 합니다.

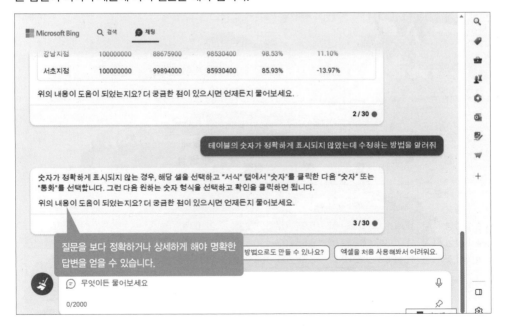

04 | 일단 숫자 표현이 다른 이유를 확인하기 위해 명확하게 숫자 표현 방법에 대한 질문을 하겠습니다. '1000000000이 1.0E+08로 표시되는데 이유를 알려줘'라고 정확하게 질문을 입력하고 [▶] 아이콘을 클릭합니다.

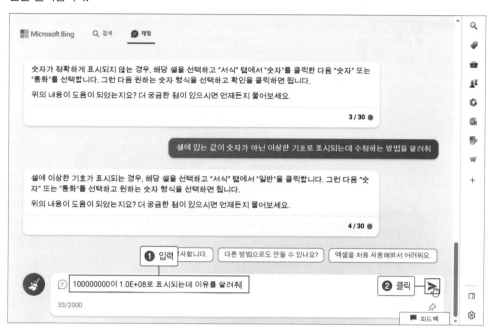

알아두기 | 셀 크기 변경

예제에는 셀의 보기 영역에서 열의 간격이 좁아서 발생된 문제로 셀의 크기에 비해 숫자의 자릿수가 많아 발생되었습니다. 셀의 크기 문제인 경우 셀의 크기를 직접 변경하거나, 더블클릭하면 해당 숫자 크기로 셀의 크기가 변경되면서 숫자가 정식 표시됩니다. 단 12자리 미만인 숫자인 경우이며 그 이상의 숫자인 경우는 숫자를 텍스트화하여 변경해야 합니다.

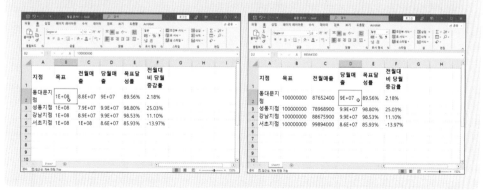

05 │ 제시된 답변을 보면 지수 표기법이고 큰 숫자 표시를 간단하게 표기하는 방법이라고 되어 있습니다.

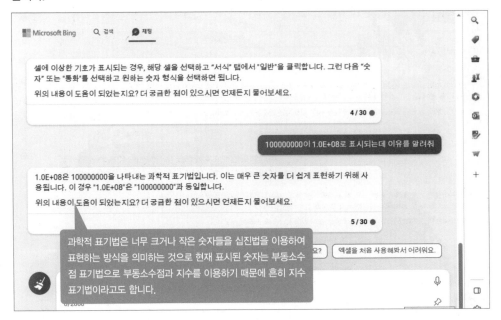

06 │ 실제 숫자를 우리가 흔히 알고 있는 방식으로 변경하는 방법을 알기 위해 '1.0E+08을 100000000으로 바꾸려면 어떻게 해'를 입력하고 [▶] 아이콘을 클릭합니다.

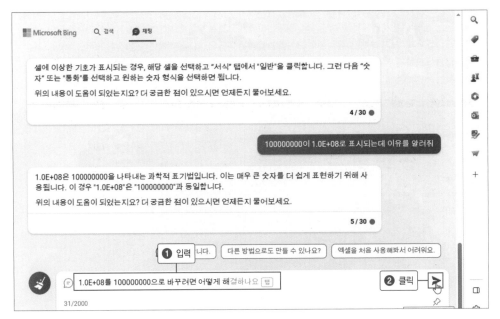

07 〔홈〕 탭에서 표시 형식을 〔일반〕으로 선택하여 변경하라고 설명합니다.

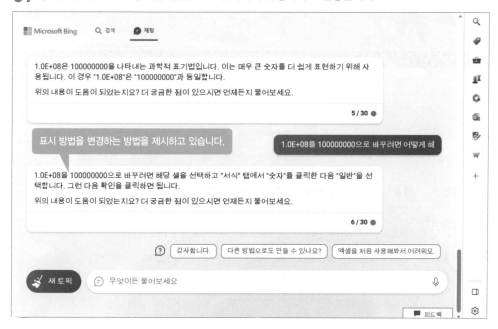

08 지수 형태로 입력된 숫자 셀을 선택하고 표시 형식에서 〔일반〕을 선택하여 변경합니다.

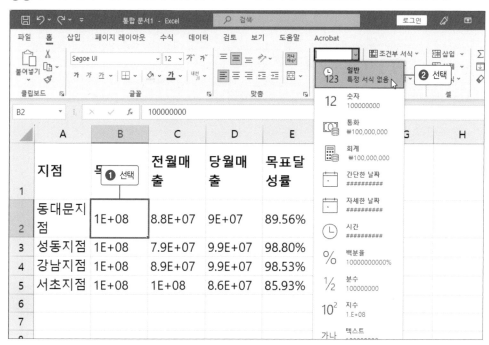

09 열의 폭이 숫자의 자릿수만큼 넓어지기 때문에 같은 셀에 연결된 다른 지수 형태 숫자도 변경되었습니다. 같은 방법으로 나머지 숫자 셀도 같은 방법으로 표시 형식을 [일반]으로 선택하여 변경합니다.

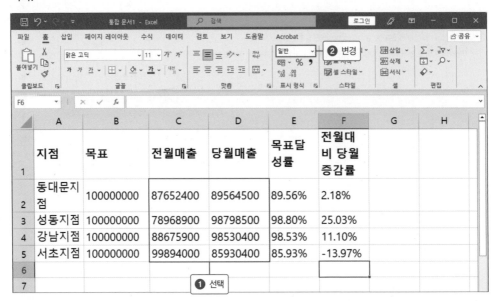

알아두기 | 표시 형식 알아보기

표시 형식은 숫자나 텍스트를 어떤 방식으로 인식하고 표시할지 설정할 수 있습니다. 때로는 우리가 숫자로 인식하는 1, 2, 3과 같은 값이 컴퓨터에서는 필요에 따라 텍스트로 인식되어야 하는 경우가 있습니다. 예를 들어, 엑셀의 셀에 숫자와 기호를 함께 입력하는 경우, 원하는 숫자와 계산식을 올바르게 표현하기 위해서는 숫자를 텍스트로 인식해야 할 수 있습니다. 또한, 화폐단위, 분수, 백분율 등 다양한 형식의 표시가 필요한 경우도 있습니다. 이러한 경우 [표시 형식] 또는 [셀 서식] 탭에서 적절한 표시 형식을 선택합니다. 숫자를 텍스트로 인식하려면 표시 형식을 사용하지 않고 숫자를 입력하기 전에 작은따옴표(')를 입력합니다.

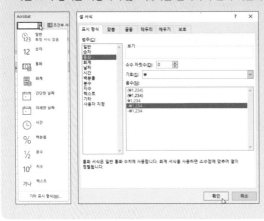

직접 만들기 **어려운** 계산식을 **쉽게 수식**으로 만들어 적용하려면?

빙에서 만들어준 테이블은 수식이 적용된 것이 아니라 계산하여 나온 결과값이므로 자동으로 계산되도록 하려면 수식을 만들어 셀에 입력해야 합니다. 셀의 값을 기준으로 자동 계산되도록 수식을 만드려면 생각보다 어려울 수 있습니다. 이러한 수식을 만드려면 다양한 함수의 사용을 이해해야 하는데 빙을 이용하면 간단하게 만들 수 있습니다.

목표달성률 수식 적용하기

01 | 수식을 만들기 위해 '엑셀에서 지점, 목표, 전월매출, 당월매출, 목표달성률 열로 만든 테이블에 당월매출의 목표달성률을 계산하는 수식을 셀 주소로 만든 수식으로 알려줘'를 입력하고 (▶) 아이콘을 클릭합니다.

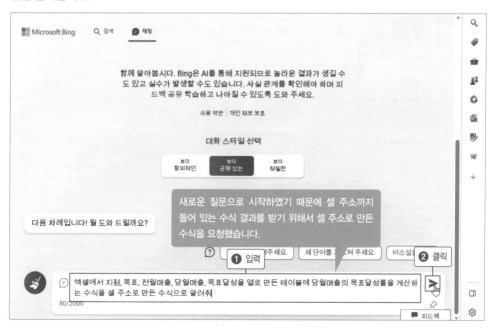

02 │ 수식에 대한 설명과 함께 셀 주소가 적용된 수식을 예시로 제시합니다. 좀 더 정확하게 답변을 받으려면 각각의 셀 주소까지 질문에 추가하여 수식도 지정된 셀 주소로 제시받으면 됩니다.

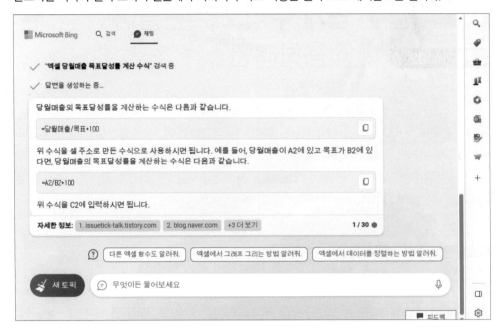

03 │ 셀 주소가 적용된 수식을 드래그하여 선택하고 복사하기 위해서 Ctrl+C를 누릅니다.

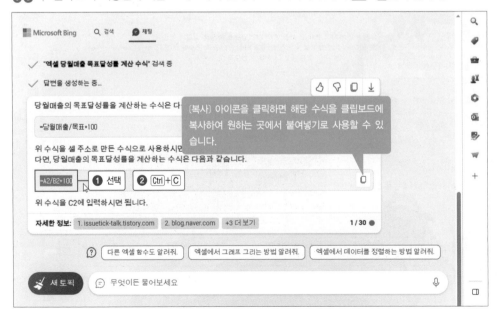

04 | 엑셀에서 목표달성률이 입력된 E2 셀을 선택하고 Ctrl+V를 눌러서 복사한 수식을 붙여넣기 합니다. 그러나 셀이 정확하게 지정된 수식이 아니기 때문에 당월매출 셀로 수식을 수정해야 합니다.

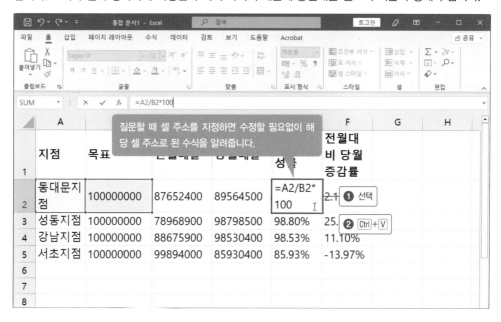

05 | 수식 입력창에서 입력된 A2 셀을 매출값이 있는 D2 셀로 변경하여 수식을 수정합니다. 수식을 수정할 때 해당하는 부분이 색상으로 구분되기 때문에 어렵지 않게 수정하고 확인 가능합니다.

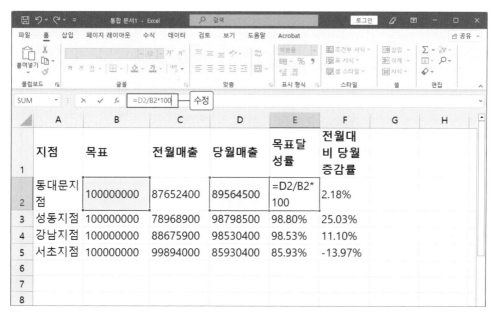

06 │ 수식이 적용되면서 계산된 값이 '######'로 표기됩니다. 이렇게 숫자가 예상과 다르게 다른 형식으로 표시되는 경우는 일반적으로 셀의 크기가 숫자보다 좁을 때 발생됩니다.

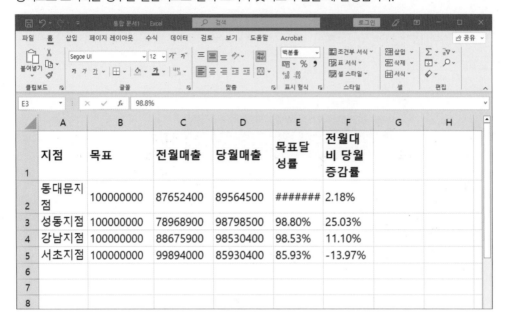

07 │ 앞서 숫자 표기 방법처럼 수식이 적용된 E2 셀을 선택하고 표기 형식에서 (일반)을 선택하여 숫자 표시가 되도록 셀의 크기를 늘립니다.

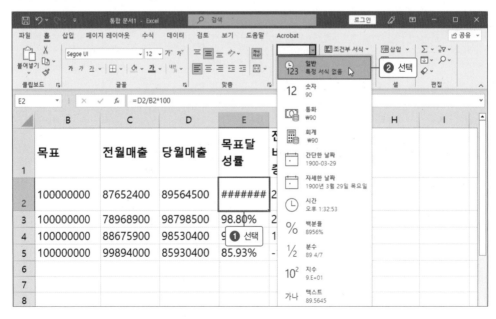

08 | 백분율로 표기되었던 숫자가 일반 숫자 형식으로 변경되면서 % 표시가 사라지고 정상적으로 숫자가 표시됩니다.

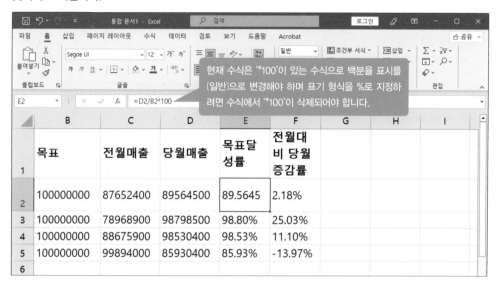

수식 복사하여 적용하기

01 | 모든 셀에 수식을 복사하여 적용하기 위해 빙에서 'E2에 적용된 수식을 다른 모든 E열에도 적용된 수식을 적용해서 계산하려면 어떻게 해'를 입력하고 (▶) 아이콘을 클릭합니다.

02 | 수식을 열에 복사하는 방법을 제시하고 좀 더 자세한 정보를 볼 수 있는 링크도 제공합니다.

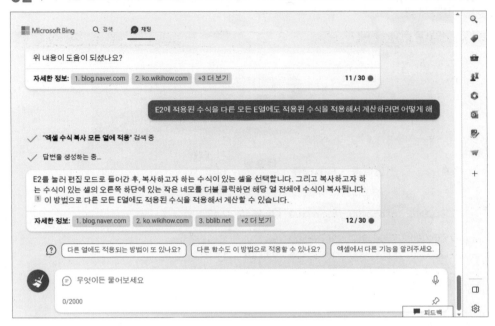

03 | 엑셀에서 셀 오른쪽 하단의 꼭짓점을 더블클릭하면 열 전체에 수식을 복사할 수 있습니다. 수식이 적용된 E2 셀을 선택하고 마우스 커서를 오른쪽 하단의 꼭짓점에 위치합니다.

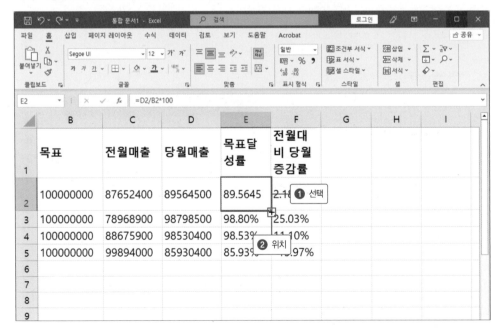

04 | 꼭짓점을 더블클릭하면 수식과 함께 표시 형식도 같이 변경됩니다. %표시가 사라지고 적용된 수식에 따라서 값도 계산됩니다.

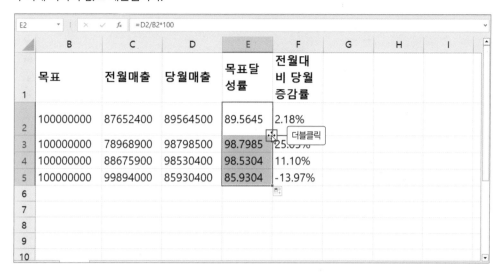

매출 증감률 계산하기

01 | 매출 증감률을 계산하기 위해 빙에서 '전월대비 당월 증감률을 계산하는 수식을 셀 주소로 만든 수식으로 알려줘'를 입력하고 〔▶〕 아이콘을 클릭합니다.

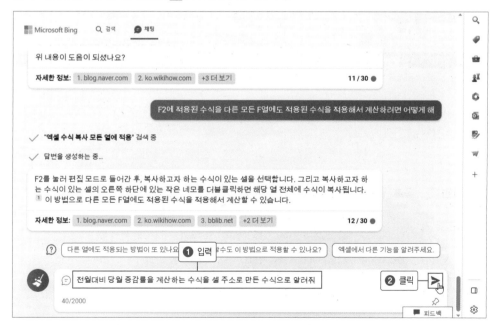

02 │ 계산에 필요한 수식 설명과 함께 셀에 적용할 주소를 기준으로 한 수식이 포함되어 있습니다. 수식을 드래그하여 선택하고 Ctrl+C를 눌러 복사합니다.

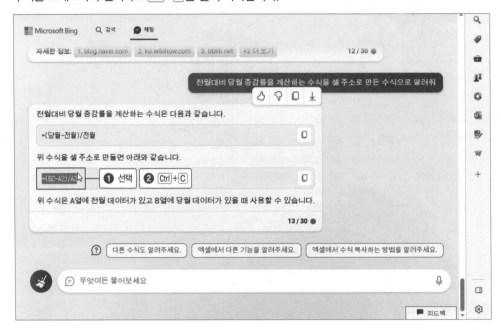

03 │ 엑셀에서 F2 셀을 선택하고 Ctrl+V를 눌러 복사한 수식을 붙여넣기 합니다. 달성률과 같은 방법으로 주소를 '=(D2−C2)/C2'로 변경하여 전월매출과 당월매출 기준으로 계산되도록 수식을 수정합니다.

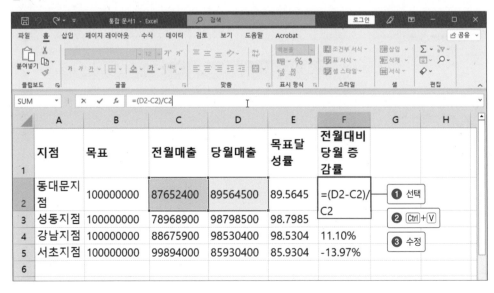

04 수식을 복사하기 위해 F2 셀의 오른쪽 하단 꼭짓점을 클릭한 상태로 드래그하여 나머지 셀에도 복사하여 수식을 적용합니다.

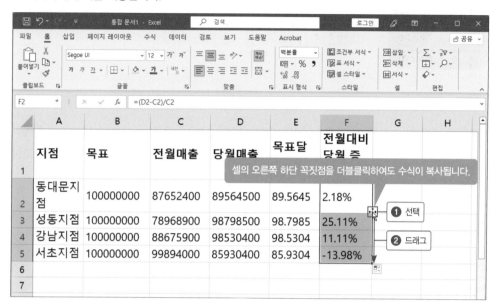

05 수식이 복사되어 계산이 되었습니다. 수식에 '*100'이 없었기 때문에 백분율을 그대로 유지한 상태로 계산되었으며 표시 형식도 (백분율)로 되어 있는 상태입니다. 수식에 따라 결과값을 표현하는 숫자 표시 형식이 적용되어야 합니다.

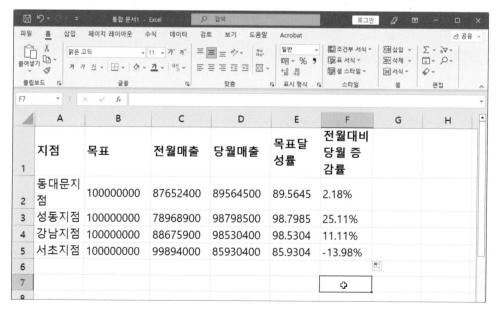

숫자 표현과 형식을 변경하여 보기 좋게 하려면?

테이블의 모양이 숫자 등이 자릿수가 많거나 소수점이 많으면 읽기 어려워서 서식을 조정해야 합니다. 기본적으로 숫자 표시의 구분점이나 소수점 등을 조정하여 숫자를 읽기 편하도록 조정 하겠습니다.

숫자에 단위 구분점 적용하기

01 │ 단위 금액이 큰 경우 구분점이 없다면 숫자 구분이 어렵기 때문에 천 단위로 구분점을 추가 하려고 합니다. 빙에서 '숫자를 천 단위로 구분하는 방법을 알려줘'를 입력하고 [▶] 아이콘을 클릭합 니다.

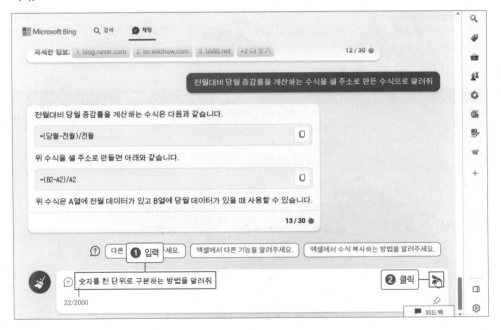

02 | 빙이 숫자의 단위를 천 단위로 구분하는 방법을 단계별로 제시합니다.

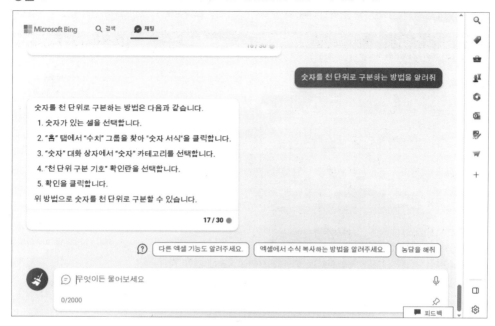

03 | 엑셀에서 천 단위로 구분할 숫자가 입력된 셀을 드래그하여 모두 선택하고 표시 형식에서 숫자 서식을 선택하기 위해서 (⬛) 아이콘을 클릭합니다.

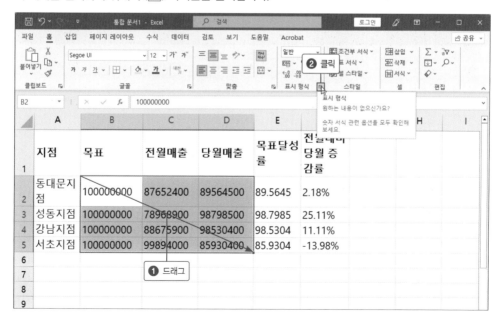

04 〔셀 서식〕 대화상자가 표시되면 범주를 〔숫자〕로 선택하고 '1000 단위 구분 기호(,) 사용'을 체크 표시한 다음 〔확인〕 버튼을 클릭합니다.

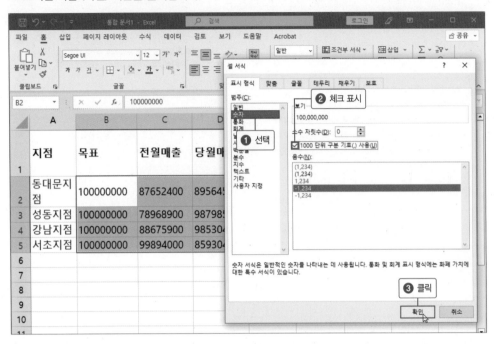

05 숫자에 천 단위 자릿수가 적용된 것을 확인할 수 있습니다.

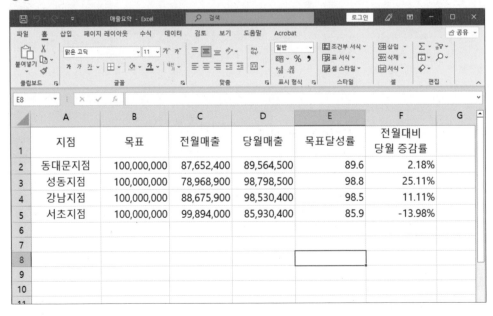

소수점 자릿수 조정하기

01 | 목표달성률의 소수점 자릿수가 길 필요가 없는 경우가 있습니다. 이런 경우 소수점 자릿수를 줄여줄 수 있는데 빙에서 확인하기 위해 '소수점 자릿수를 줄이려면 어떻게 해'를 입력하고 〔▶〕 아이콘을 클릭합니다.

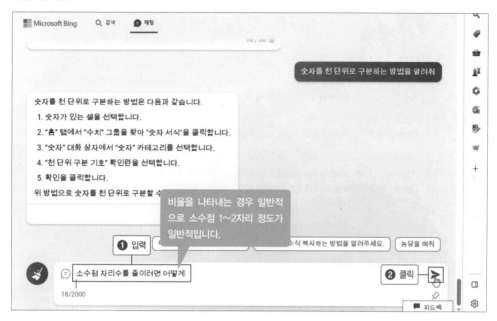

02 | 빙이 소수점 자릿수 조정을 위한 숫자 서식 이용 방법을 단계별로 제시합니다.

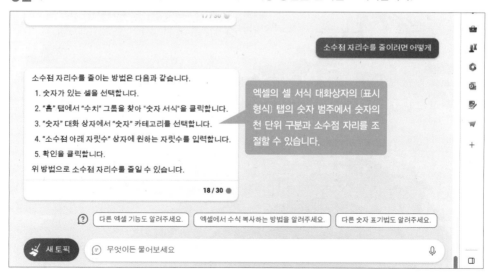

03 │ 소수점 자릿수를 조정하기 위한 셀을 드래그하여 모두 선택하고 [홈] 탭의 표시 형식에서 [☐] 아이콘을 클릭합니다.

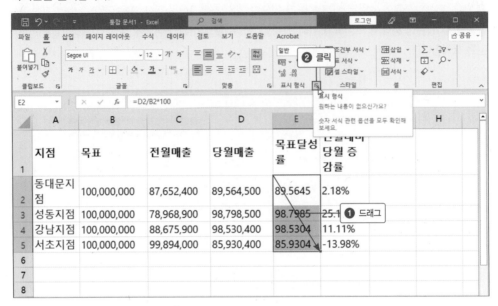

04 │ [셀 서식] 대화상자가 표시되면 범주에서 [숫자]를 선택하고 소수 자릿수에 '1'을 입력하여 소수점 자리를 한 자리만 표시되도록 한 다음 [확인] 버튼을 클릭합니다.

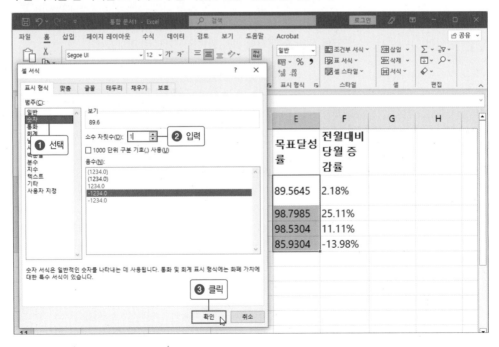

05 │ 소수점 자릿수까지 조정되어 완성된 매출 요약입니다. 같은 방법으로 지점 대신 상품별로 정리할 수도 있고 필요에 따라서 다양하게 응용이 가능합니다.

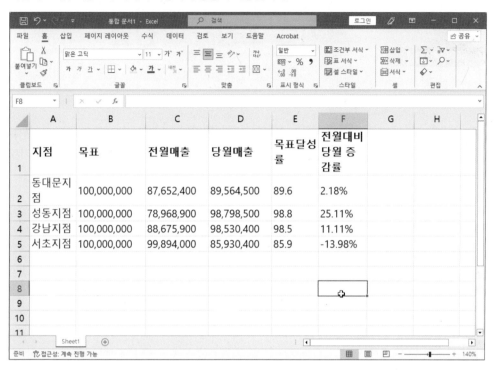

알아두기 소수점 자릿수 조정

소수점 자릿수 조정은 표시 형식의 자릿수 늘림과 줄임 기능을 이용해서도 가능합니다.

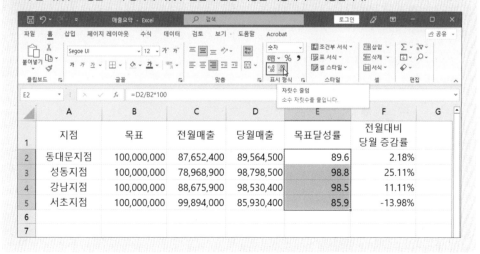

테이블을 **꾸미기** 위해 **셀**의 크기를 조정하고 **정렬**하려면?

빙이 제시한 예시를 사용하여 테이블을 생성했기 때문에 텍스트나 숫자의 길이에 따라 셀의 크기가 조절되거나 정렬되지 않아서 셀에 입력된 내용이 제대로 표시되지 않을 수 있습니다. 이제부터는 셀의 크기 조절과 정렬 방법을 살펴보겠습니다.

예제 파일 다운로드 : 13쪽 참조

셀 크기 조정하기

예제 파일 : 매출요약_완성.xlsx

01 | 앞서 만든 매출 요약표는 테이블 모양이 정리되지 않아 우선 셀의 너비를 조정해야 합니다. 빙에서 '셀의 너비를 조정하려면 어떻게 해'를 입력하고 [▶] 아이콘을 클릭합니다.

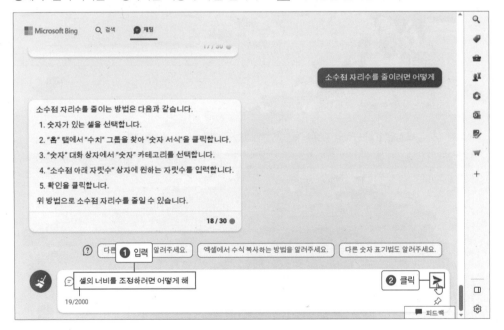

02 | 빙이 셀의 너비를 조정할 수 있게 열 헤더를 더블클릭하는 방법을 단계별로 제시합니다.

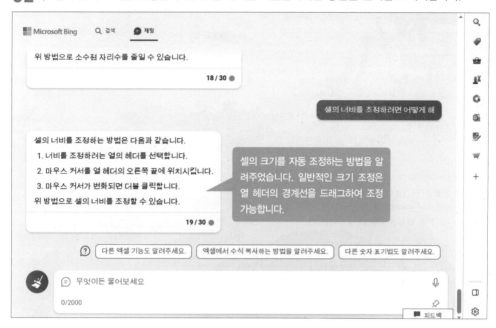

03 | 제시된 방법으로 엑셀에서 더블클릭해도 셀의 너비는 조정이 되지 않습니다. 더블클릭하는 방법은 자동으로 셀의 크기를 해당 열에 포함된 내용의 길이에 맞춰 조정되는 기능이지만, 현재 테이블은 인터넷에서 붙여넣기 하여 텍스트의 영역 인식이 명확하지 않아 자동 조정이 되지 않았습니다.

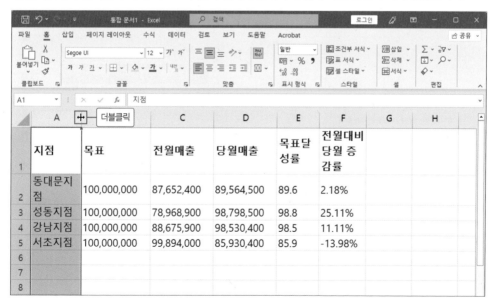

04 | 다시 빙에서 세부적으로 질문을 하겠습니다. 입력창에 '열이나 행의 크기를 조정하려면 어떻게 해'를 입력하고 〔▶〕 아이콘을 클릭합니다.

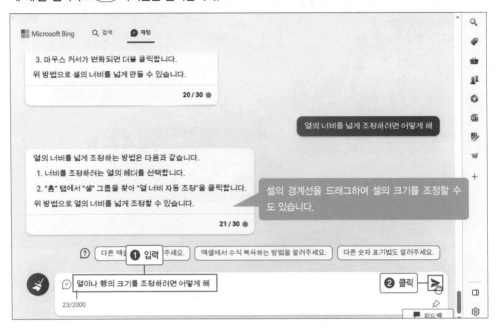

05 | 빙이 셀의 크기를 조정할 수 있게 크기를 입력하여 조정하는 방법을 단계별로 제시합니다.

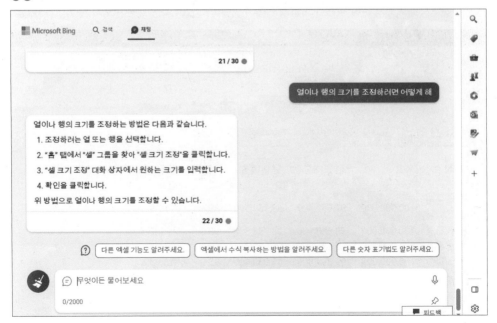

06 | 셀의 너비를 조정하기 위해 너비를 조정할 A열을 선택하고 [홈] 탭의 셀에서 [서식] → [열 너비]를 선택합니다.

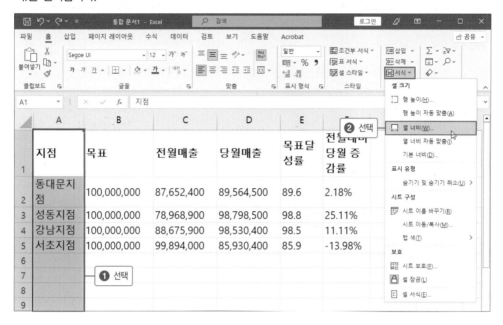

07 | [열 너비] 대화상자가 표시되면 열 너비에 '13'을 입력하고 [확인] 버튼을 클릭하여 열의 너비를 조정합니다.

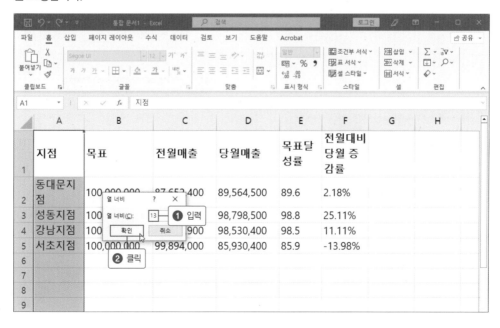

08 | 같은 방법으로 목표달성률(E열)과 전월대비 당월 증감률(F열)도 열 너비를 '13'으로 조정합니다.

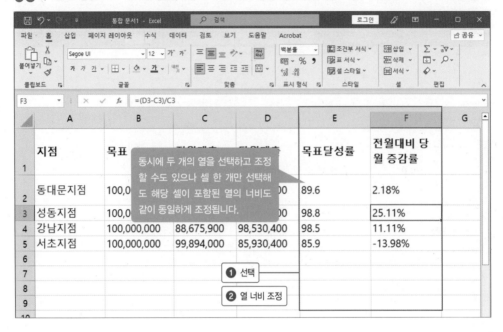

09 | 셀의 높이도 조정하기 위해 빙에서 '셀의 높이를 동시에 같은 크기로 조정하려면 어떻게 해'를 입력하고 [▶] 아이콘을 클릭합니다.

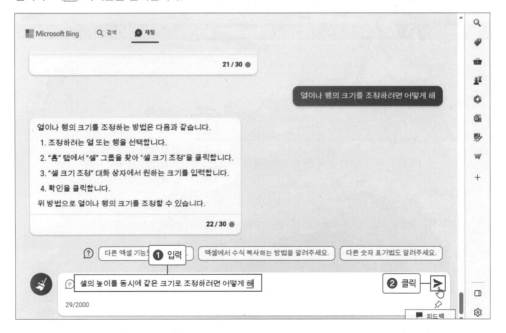

10 │ 빙이 셀의 높이를 조정할 수 있게 단계별로 제시합니다. 너비와 비슷한 방법으로 제시하지만 높이 조정 방법은 동시에 셀을 선택하면 높이 조절 값이 자동으로 적용됩니다.

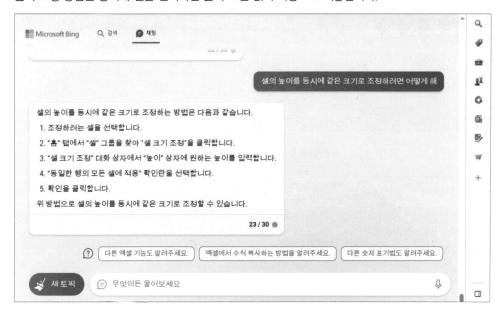

11 │ 높이를 조정하기 위해 엑셀에서 4개의 행(2~5행)을 동시에 선택하고 〔홈〕 탭에서 〔서식〕 → 〔행 높이〕를 선택합니다.

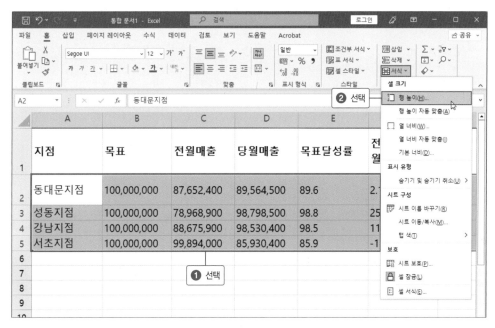

12 │ [행 높이] 대화상자가 표시되면 행 높이에 '18'을 입력하고 [확인] 버튼을 클릭합니다. 높이가 조정되면서 자동으로 1행의 높이도 텍스트의 크기에 맞춰 조정될 것입니다.

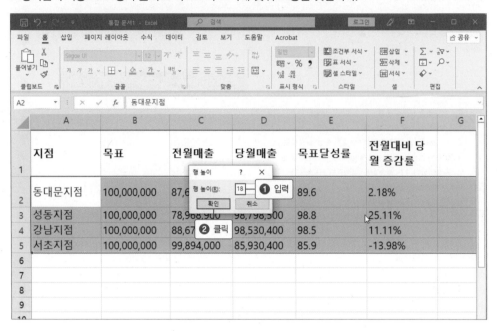

13 │ 4개의 행이 동일한 높이로 조정된 것을 확인할 수 있습니다.

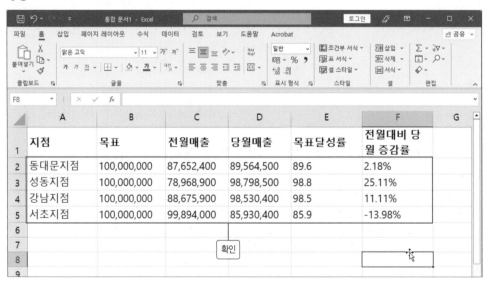

텍스트 줄 바꿈하기

01 | 엑셀의 셀 내에서 텍스트 줄 바꿈하는 방법을 모르는 경우가 많습니다. 이를 알아보기 위해 빙에서 '셀 안에서 텍스트의 줄 바꿈을 하려면 어떻게 해야 해'를 입력하고 〔▶〕 아이콘을 클릭합니다.

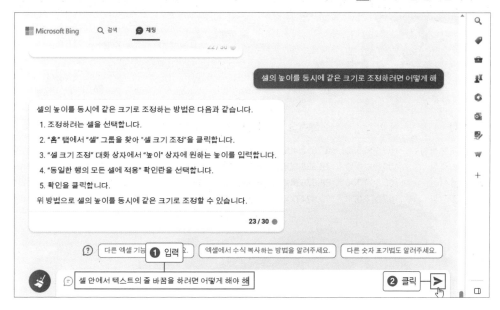

02 | 빙이 줄 바꿈에 대해서 2가지 방법을 제시하고 있습니다. Alt + Enter를 누르는 방법을 사용하여 줄 바꿈해 보겠습니다.

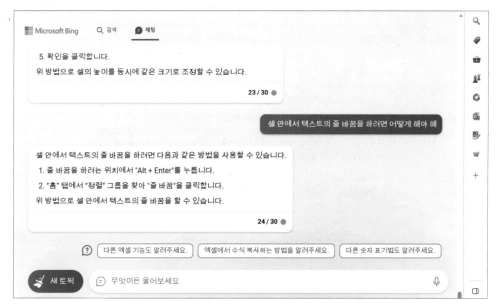

03 │ 엑셀에서 F1 셀의 전월대비 당월 증감률은 텍스트가 길어 2줄로 되어 있으나 보기 좋지 않게 단어가 끊어져 있습니다. 전월대비와 당월 증감률을 서로 다른 줄로 배치하기 위해 '당' 앞을 클릭하여 커서를 위치시키고 Alt + Enter를 눌러 줄 바꿈합니다.

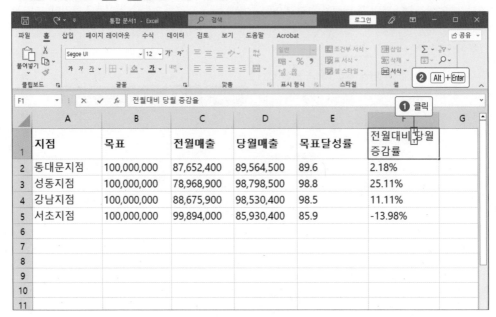

04 │ 셀 내에서 희망하는 부분이 줄 바꿈 된 것을 확인할 수 있습니다.

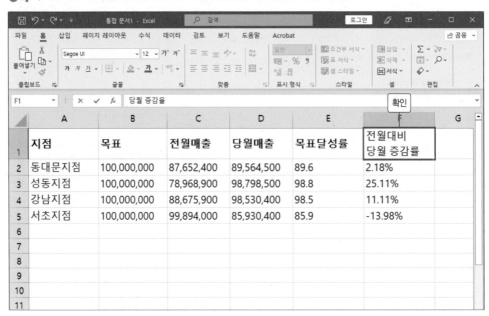

텍스트 정렬하기

01 │ 입력된 텍스트의 정렬을 위해 빙에서 '셀에 입력된 문자를 중앙 정렬하고 숫자는 오른쪽 정렬하려고 하는데 어떻게 해야 해'를 입력하고 (▶) 아이콘을 클릭합니다.

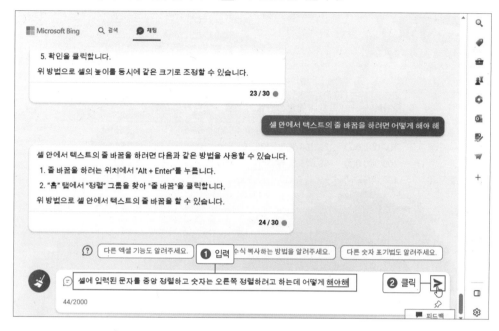

02 │ 빙이 정렬할 셀을 선택하고 정렬 (홈) 탭의 그룹에서 아이콘을 클릭하라고 설명을 제시했습니다.

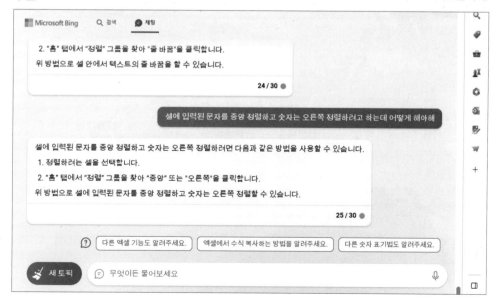

03 │ 엑셀에서 1행의 텍스트 부분을 드래그하여 선택하고 가운데 정렬하기 위해 정렬 그룹에서 (가운데 맞춤) 아이콘을 클릭합니다.

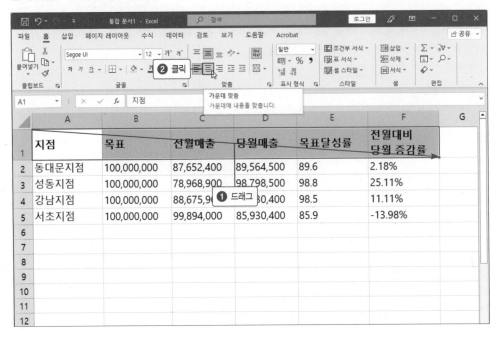

04 │ 텍스트가 중앙 정렬되면서 테이블이 가지런해졌습니다. 같은 방법으로 왼쪽에 있는 지점 정보 (A2:A5)도 가운데 정렬하기 위해 드래그하여 영역을 선택하고 (가운데 맞춤) 아이콘을 클릭합니다.

05 │ 숫자 부분(B2:F5)은 오른쪽 정렬하기 위해 드래그하여 영역을 선택하고 [오른쪽 맞춤] 아이콘을 클릭합니다.

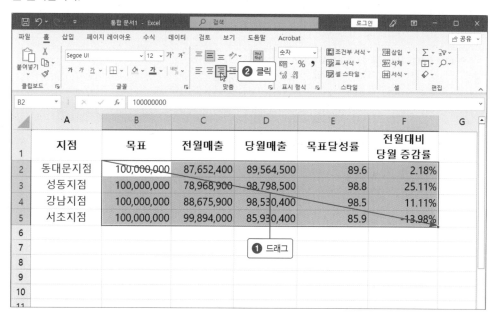

06 │ 테이블에 있는 텍스트와 숫자를 정렬하여 테이블 완성도가 높아져서 가독성이 향상되었습니다.

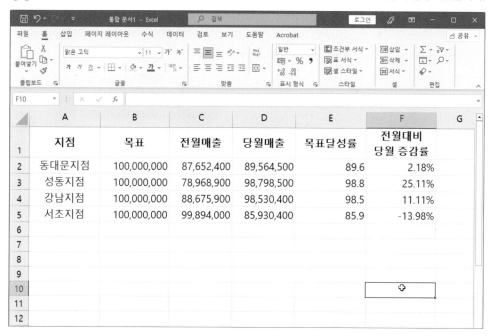

테이블 테두리 적용하기

01 테이블에 테두리를 적용하기 위해 빙에서 '테이블에 테두리를 적용하려면 어떻게 해야 해'를 입력하고 〔▶〕 아이콘을 클릭합니다.

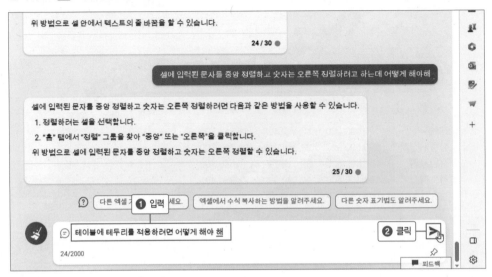

02 빙이 테이블에 테두리를 적용할 수 있는 〔홈〕 탭의 테두리 기능 이용 방법을 제시합니다.

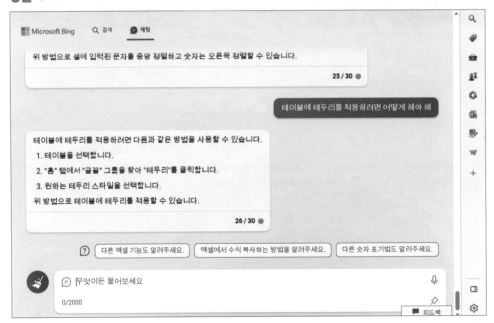

03 엑셀에서 테이블의 모든 셀을 드래그하여 영역을 선택하고 [홈] 탭에서 [테두리] → [모든 테두리]를 선택합니다.

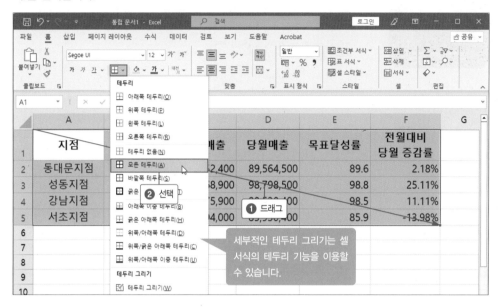

04 테두리가 적용되어 매출 요약 테이블이 완성된 것을 확인할 수 있습니다 .

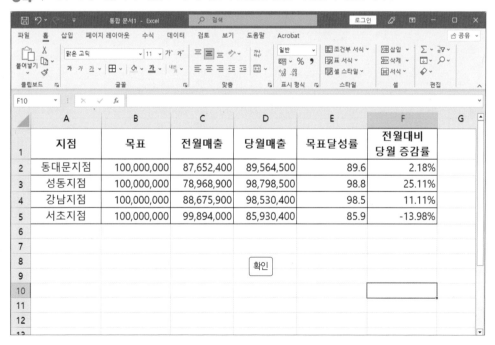

복잡한 테이블에서 원하는 부분만 추출하고 관리하려면?

SECTION 05

엑셀에서는 입력된 값의 일부분을 추출하거나 조건식을 통한 판단 등을 쉽게 하고 다양한 문서에 응용을 할 수 있습니다. 엑셀을 사용하여 조건문과 기타 응용 수식을 통한 데이터 관리를 해보겠습니다.

12자리 이상 숫자 표시하기

예제 파일 다운로드 : 13쪽 참조
예제 파일 : 회원관리.xlsx
완성 파일 : 회원관리_완성.xlsx

01 │ 예제 파일 '회원관리.xlsx'를 실행하면 주민번호가 13자리라서 우리가 일반적으로 보던 숫자 표현이 아닌 지수 형식으로 숫자가 표기되어 있는 것을 확인할 수 있습니다. 엑셀은 기본적으로 12자리가 넘어가는 숫자는 지수 형식으로 표기되기 때문에 보기 형식을 변경해야 합니다.

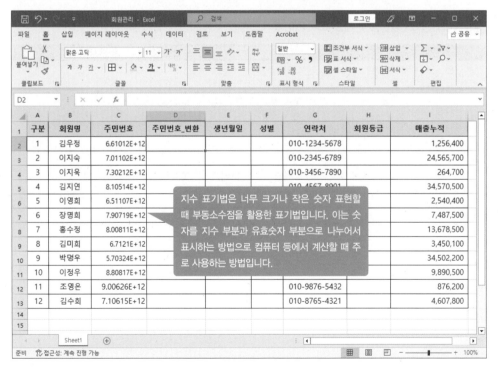

지수 표기법은 너무 크거나 작은 숫자 표현할 때 부동소수점을 활용한 표기법입니다. 이는 숫자를 지수 부분과 유효숫자 부분으로 나누어서 표시하는 방법으로 컴퓨터 등에서 계산할 때 주로 사용하는 방법입니다.

02 | 13자리 숫자가 지수 형식으로 되어 있는 것을 정상적으로 표시하기 위해 빙에서 '엑셀에서 13자리 숫자가 지수 형태 숫자로 표시되는데 모든 자릿수 수가 표시되도록 하려면 어떻게 해야 해'를 입력하고 [▶] 아이콘을 클릭합니다.

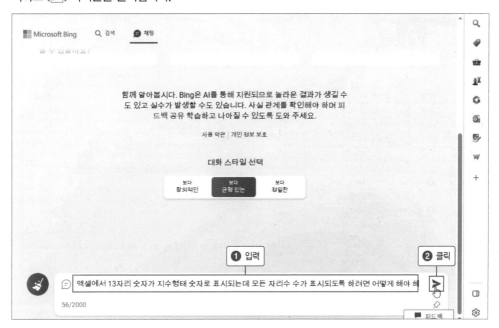

03 | 빙이 셀 서식을 이용하여 숫자 형식으로 변경하는 방법을 제시하고 있습니다.

04 | 주민번호가 입력된 셀을 드래그하여 모두 선택하고 `Ctrl`+`1`을 눌러 〔셀 서식〕 대화상자를 표시합니다. 범주에서 〔숫자〕를 선택하고 〔확인〕 버튼을 클릭합니다.

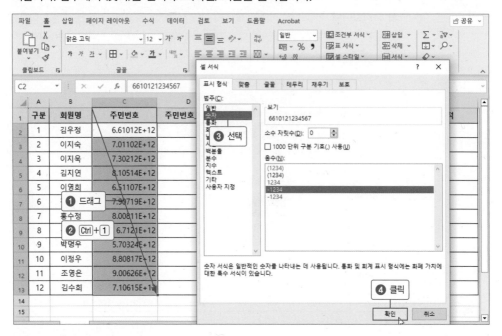

05 | 주민번호의 지수 형식이 우리가 읽을 수 있는 숫자 형식으로 변경된 것을 확인할 수 있습니다.

PART4 · 마이크로소프트 빙 & 엑셀 활용하기

일부 텍스트를 '*'표시로 수정하기

01 | 주민번호의 일부를 '*'로 변경하기 위해 빙에서 '13자리 숫자에서 앞에서부터 7자리를 남기고 나머지는 *표시로 바꾸려면 어떻게 해야 해'를 입력한 다음 ▶ 아이콘을 클릭합니다.

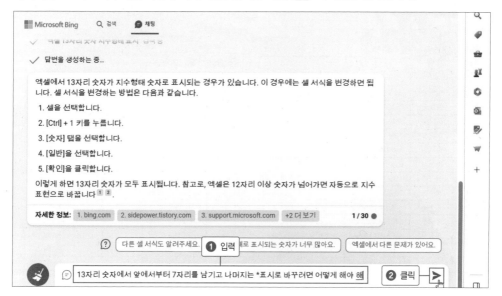

02 | 빙이 LEFT 함수를 이용한 수식과 함께 적용하는 방법을 제시합니다. 조금 어려울 수도 있지만 함수를 몰라도 쉽게 사용할 수 있습니다. 함수 부분을 드래그하여 선택하고 Ctrl+C를 눌러 복사합니다.

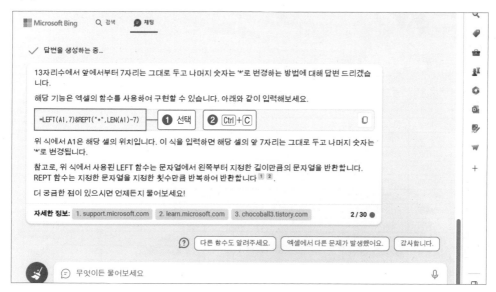

03 | 엑셀에서 수식을 적용할 D2 셀을 선택하고 수식 입력창에서 Ctrl+V를 눌러 수식을 붙여넣기 합니다.

04 | 수식이 적용되었지만 빙이 제시한 수식이 A1 셀로 되어 있기 때문에 수식을 수정해야 합니다. A1으로 적용된 셀 주소를 C2로 변경하여 주민번호의 값을 이용하여 결과값이 표시되도록 합니다.

05 | 적용된 주민번호를 보면 앞쪽 6자리와 성별 표시를 위한 1 또는 2의 숫자까지 표시되는 것을 확인할 수 있습니다.

06 | D2 셀에 적용된 수식을 D3부터 D13 셀에도 해당 수식을 적용하는 방법을 위해 빙에서 '수식을 같은 열의 나머지 셀에도 적용하려면 어떻게 해'를 입력하고 [▶] 아이콘을 클릭합니다.

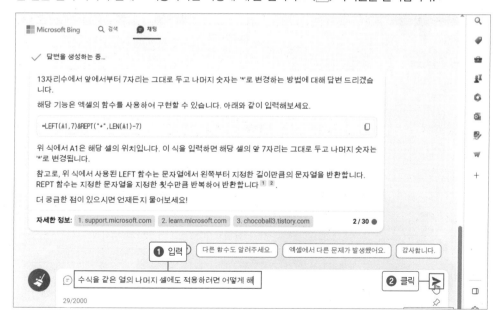

07 | 빙이 자동으로 나머지 열의 셀에도 수식을 적용하는 방법을 제시합니다. 간단하게 셀의 오른쪽 하단 꼭짓점을 더블클릭하면 적용된다고 제시되어 있습니다.

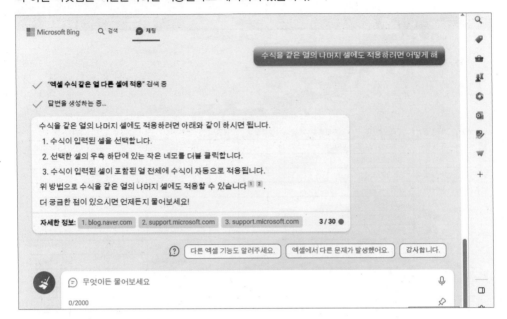

08 | 엑셀에서 주민번호 변환을 위한 수식이 적용된 D2 셀을 선택하고 오른쪽 하단의 꼭짓점을 더블클릭하면 D2에 적용된 수식이 D13까지 자동으로 적용됩니다.

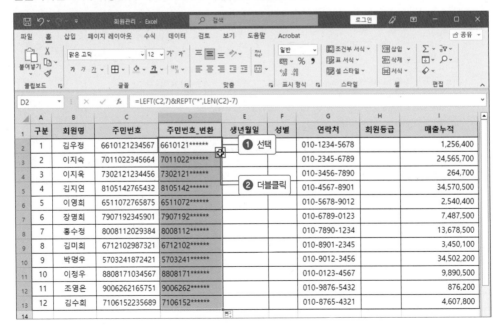

셀의 값 일부분만 추출하기

01 | 주민번호를 기준으로 생년월일을 추출하기 위해 셀 주소까지 입력하여 수식을 한번에 받게 하겠습니다. 빙에서 'C2 셀에서 입력된 13자리 숫자를 E2 셀에 앞에서부터 6자리만 복사하려면 어떻게 해'를 입력하고 〔▶〕 아이콘을 클릭합니다.

02 | 빙이 LEFT 함수를 이용하여 주민번호 6자리를 복사하고 붙여넣기 할 수 있는 수식을 제시합니다. 중간에 있는 수식을 드래그하여 선택하고 Ctrl+C를 눌러 복사합니다.

03 | 엑셀에서 E2 셀을 선택하고 수식 입력창에서 [Ctrl]+[V]를 눌러 수식을 적용하면 주민번호 앞자리 6자리를 확인할 수 있습니다.

04 | 생년월일 열의 나머지 셀에도 수식이 적용되도록 E2 셀의 오른쪽 하단 꼭짓점을 더블클릭하면 모든 셀에 수식이 적용되어 주민번호 6자리가 붙여넣기 된 것을 확인할 수 있습니다.

05 | 생년월일 앞쪽에 19를 붙여 년도를 4자리 숫자로 표시하기 위해 빙에서 '=LEFT(C2,6) 수식으로 복사된 값 앞에 숫자 19를 붙이려면 어떻게 해'를 입력하고 〔▶〕 아이콘을 클릭합니다.

06 | 빙이 LEFT 함수 앞에 '19&'를 붙여 새로운 수식을 제시합니다. 수식을 드래그하여 선택하고 Ctrl+C를 눌러 복사합니다.

07 | 엑셀에서 E2 셀을 선택하고 수식 입력창에서 새로 복사한 수식을 Ctrl+V를 눌러 붙여넣기
합니다.

08 | 숫자 앞에 19가 붙어서 1966년 10월 12일생처럼 표시되었습니다. 수식은 자동으로 적용되지
않기 때문에 추가적으로 복사해야 합니다.

구분	회원명	주민번호	주민번호_변환	생년월일	성별	연락처	회원등급	매출누적
1	김우정	6610121234567	6610121******	19661012		010-1234-5678		1,256,400
2	이지숙	7011022345664	7011022******	701102		010-2345-6789		24,565,700
3	이지욱	7302121234456	7302121******	730212		010-3456-7890		264,700
4	김지연	8105142765432	8105142******	810514		010-4567-8901		34,570,500
5	이영회	6511072765875	6511072******	651107		010-5678-9012		2,540,400
6	장명회	7907192345901	7907192******	790719		010-6789-0123		7,487,500
7	홍수정	8008112029384	8008112******	800811		010-7890-1234		13,678,500
8	김미회	6712102987321	6712102******	671210		010-8901-2345		3,450,100
9	박명우	5703241872421	5703241******	570324		010-9012-3456		34,502,200
10	이정우	8808171034567	8808171******	880817		010-0123-4567		9,890,500
11	조영은	9006262165751	9006262******	900626		010-9876-5432		876,200
12	김수회	7106152235689	7106152******	710615		010-8765-4321		4,607,800

09 | 04번과 같은 방법으로 셀의 오른쪽 하단 꼭짓점을 더블클릭하여 생년월일의 모든 셀에 수식이 적용되도록 복사합니다.

주민번호로 남녀 구분하기

01 | 주민번호의 7번째 자리는 성별을 표시하는 숫자로 1, 3은 남자, 2, 4는 여자를 의미합니다. 우선 1, 2만을 구분하여 성별을 확인하기 위해 빙에서 'C2 셀에서 일곱 번째 자리 숫자가 1인 경우 남자, 아닌 경우 여자라고 F2 셀에 입력하는 수식을 알려줘'를 입력하고 〔▶〕 아이콘을 클릭합니다.

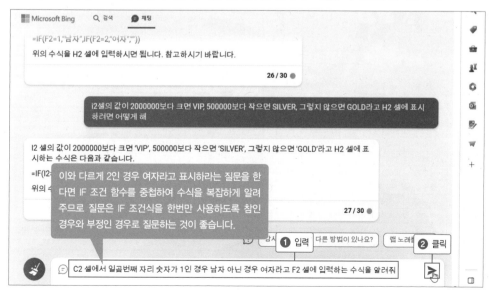

02 | 빙이 IF 함수를 활용한 조건식과 MID 함수로 텍스트를 추출하는 수식으로 제시합니다. 셀 값을 질문에 같이 넣었기 때문에 수식을 드래그하여 선택하고 Ctrl+C를 눌러 복사합니다.

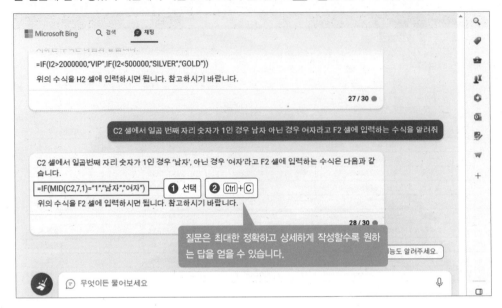

03 | 엑셀에서 성별에 해당하는 F2 셀을 선택하고 수식 입력창에 Ctrl+V를 눌러 복사한 수식을 붙여넣기 합니다.

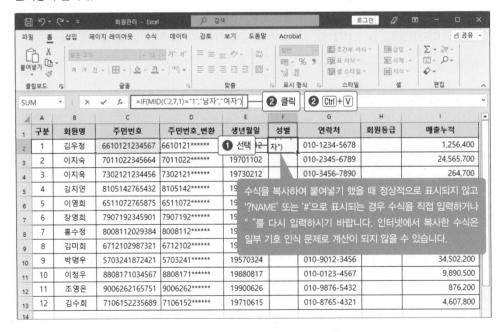

04 정상적으로 주민번호에서 숫자를 추출하여 '남자'로 표시된 것을 확인할 수 있습니다. 수식을 F2부터 F13 셀까지 적용하기 위해 F2 셀의 오른쪽 하단의 꼭짓점 부분을 더블클릭합니다.

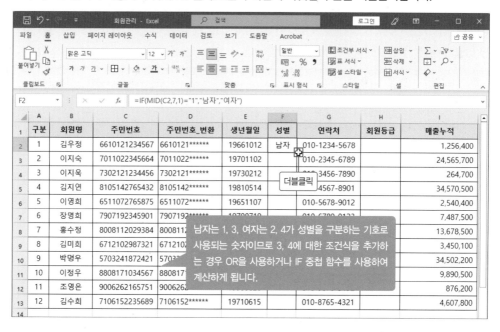

05 모든 수식이 복사되어 주민번호를 기반으로 성별에 남자와 여자 표시가 표기되는 것을 확인할 수 있습니다.

매출액을 기반으로 회원등급 구분하기

01 │ 매출액이 적용된 I2 셀의 값을 기준으로 3개의 등급으로 나누기 위해 빙에서 'I2 셀의 값이 2000000보다 크면 VIP, 500000보다 작으면 SILVER, 그렇지 않으면 GOLD라고 H2 셀에 표시하려면 어떻게 해'를 입력하고 (▶) 아이콘을 클릭합니다.

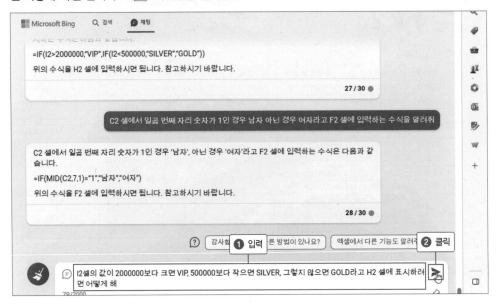

02 │ 빙이 IF 조건문으로 지정된 값을 기준으로 다중 조건문 수식을 제시합니다. 수식을 적용하기 위해 수식 부분을 드래그하여 선택하고 Ctrl+C를 눌러 복사합니다.

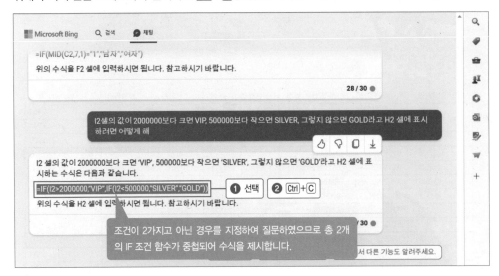

03 복사한 수식을 적용하기 위해서 H2 셀을 선택하고 수식 입력창에서 Ctrl+V를 눌러서 복사한 수식을 적용합니다. 수식이 적용되면 매출금액을 기준으로 GOLD 등급이 표시됩니다.

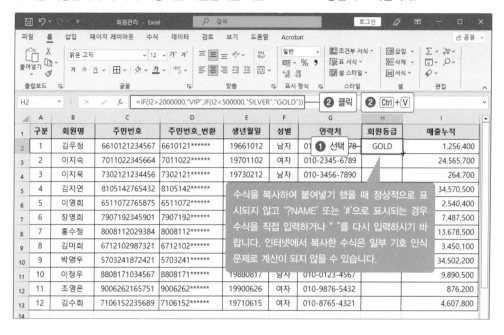

04 H2 셀에 적용된 수식을 H13 셀까지 적용하기 위해서 H2 셀의 오른쪽 하단 꼭짓점을 더블클릭하면 모든 셀에 수식을 적용되어 회원등급이 표시된 것을 확인할 수 있습니다.

입력된 값을 기준으로 셀 배경 색상 변경하기

01 | H2 셀부터 H13 셀에 입력된 등급에 따라서 셀 배경 색상을 변경하기 위해 빙에서 '열에 입력된 값이 VIP, GOLD, SILVER가 있는데 VIP만 노란색으로 셀 배경 색상을 적용하려면 어떻게 해'를 입력하고 〔▶〕 아이콘을 클릭합니다.

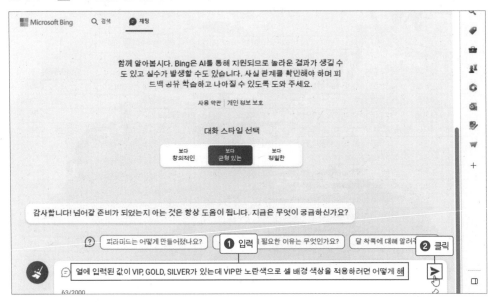

02 | 빙이 조건부 서식을 이용하여 셀 배경 색상을 변경하는 방법을 제시합니다.

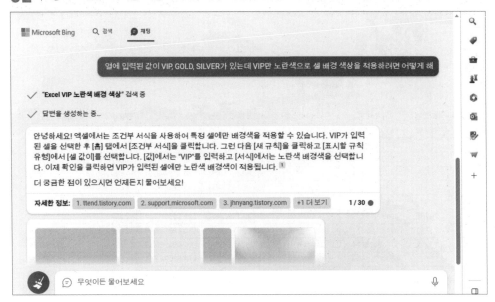

03 | 엑셀에서 H2 셀부터 H13 셀까지 드래그하여 선택하고 규칙을 배경 색상에 적용하기 위해서 〔홈〕 탭에서 〔조건부 서식〕 → 〔새 규칙〕을 선택합니다.

04 | 〔새 서식 규칙〕 대화상자가 표시되면 규칙 유형 선택에서 '다음을 포함하는 셀만 서식 지정'을 선택하고 조건을 지정하기 위해서 설정값을 '셀 값', '=', 'VIP'로 설정하고, 배경색 선택을 위해서 〔서식〕 버튼을 클릭합니다.

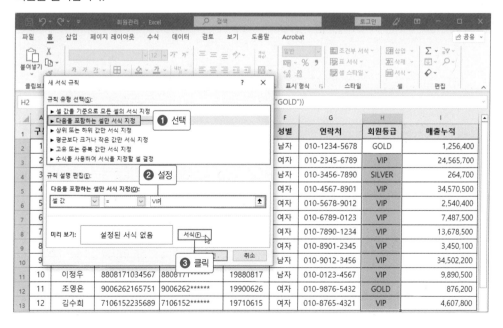

05 〔셀 서식〕 대화상자가 표시되면 〔채우기〕 탭을 선택하고 색상을 〔노란색〕으로 지정한 다음 〔확인〕 버튼을 클릭합니다.

06 규칙의 설정값과 배경색 설정을 확인하고 셀에 해당 규칙을 적용하기 위해서 〔확인〕 버튼을 클릭합니다.

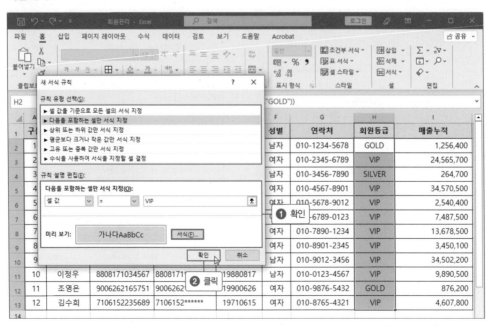

07 VIP만 노란색으로 표시되어 회원 중에서도 최고 등급인 VIP 회원 관리에 도움이 될 수 있을 것입니다.

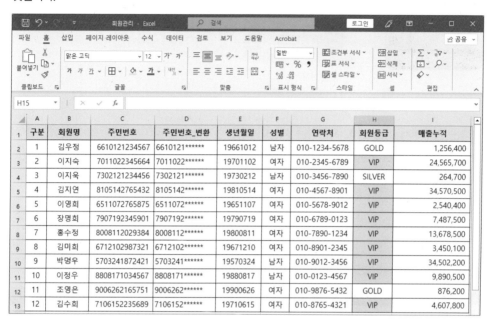

구분	회원명	주민번호	주민번호_변환	생년월일	성별	연락처	회원등급	매출누적
1	김우정	6610121234567	6610121******	19661012	남자	010-1234-5678	GOLD	1,256,400
2	이지숙	7011022345664	7011022******	19701102	여자	010-2345-6789	VIP	24,565,700
3	이지욱	7302121234456	7302121******	19730212	남자	010-3456-7890	SILVER	264,700
4	김지연	8105142765432	8105142******	19810514	여자	010-4567-8901	VIP	34,570,500
5	이영희	6511072765875	6511072******	19651107	여자	010-5678-9012	VIP	2,540,400
6	장명회	7907192345901	7907192******	19790719	여자	010-6789-0123	VIP	7,487,500
7	홍수정	8008112029384	8008112******	19800811	여자	010-7890-1234	VIP	13,678,500
8	김미회	6712102987321	6712102******	19671210	여자	010-8901-2345	VIP	3,450,100
9	박명우	5703241872421	5703241******	19570324	남자	010-9012-3456	VIP	34,502,200
10	이정우	8808171034567	8808171******	19880817	남자	010-0123-4567	VIP	9,890,500
11	조영은	9006262165751	9006262******	19900626	여자	010-9876-5432	GOLD	876,200
12	김수회	7106152235689	7106152******	19710615	여자	010-8765-4321	VIP	4,607,800

알아두기 부동소수점 표기법

컴퓨터에서 주로 사용하는 부동소수점은 컴퓨터에서는 사실 자주 사용되는 형태입니다. 그래서 부동소수점 표기법에 대하여 빙에게 물어보면 다음과 같이 설명하며 관련된 링크도 제공합니다.

테이블의 값을 더하고 평균을 쉽게 구하려면?

엑셀은 업무에서 가장 많이 사용하는 기능이 바로 합계와 평균을 나누는 등의 기본적인 수치 계산에 사용됩니다. 질문을 할 때 셀의 주소까지 지정하여 제시된 수식을 바로 사용할 수 있도록 합계와 평균을 계산해 보겠습니다.

예제 파일 다운로드 : 13쪽 참조

매출 합계 구하기

예제 파일 : 월별매출.xlsx
완성 파일 : 월별매출_완성.xlsx

01 | 매출 관리 테이블을 활용하기 위해 예제 파일 '월별매출.xlsx'을 실행합니다.

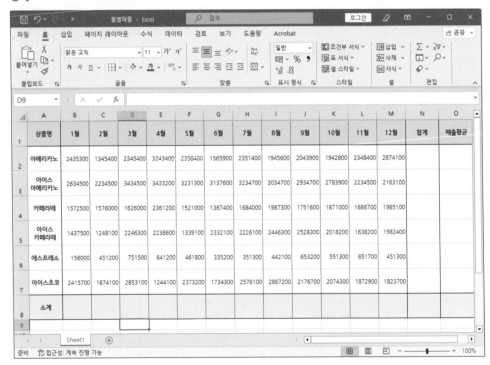

상품명	1월	2월	3월	4월	5월	6월	7월	8월	9월	10월	11월	12월	합계	매출평균
아메리카노	2435300	1345400	2345400	3243400	2356400	1565900	2351400	1945600	2043900	1942800	2348400	2874100		
아이스 아메리카노	2634500	2234500	3434500	3433200	3231300	3137600	3234700	3034700	2934700	2783900	2234500	2163100		
카페라떼	1572500	1576000	1626000	2361200	1521000	1367400	1684000	1987300	1751600	1871000	1686700	1985100		
아이스 카페라떼	1437500	1248100	2246300	2238600	1339100	2332100	2226100	2446300	2528300	2018200	1638200	1982400		
에스프레소	156000	451200	751500	641200	461800	335200	351300	442100	653200	551300	651700	451300		
아이스초코	2415700	1874100	2853100	1244100	2373200	1734300	2576100	2867200	2176700	2074300	1872900	1823700		
소계														

02 │ 월별 전체 매출 확인을 위해서 모든 판매 상품의 값을 더해야 합니다. 좀 더 정확하게 수식을 받기 위해 빙에서 셀의 값을 적용하여 '월별 매출 합계를 계산하기 위해서 B2 셀부터 B7 셀까지 더하는 수식을 알려줘'를 입력하고 [▶] 아이콘을 클릭합니다.

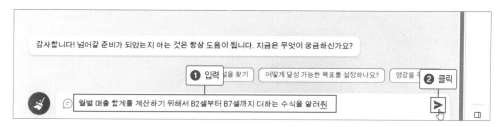

03 │ SUM 함수와 범위를 이용한 합계 관련 수식이 제시되었습니다. 셀의 주소를 질문에 포함하였기에 바로 사용할 수 있는 셀 주소가 포함된 수식과 적용 방법을 알려줍니다. 수식을 드래그하여 선택하고 [Ctrl]+[C]를 눌러 복사합니다.

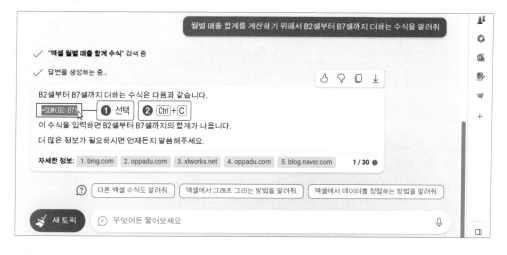

알아두기 **자주 사용하는 합계 쉽게 계산하기**

합계, 평균, 숫자 개수, 최대값, 최소값처럼 자주 사용되는 기능은 계산하려는 셀을 선택하고 [홈] 탭의 편집을 살펴보면 기본적인 기능을 제공하고 있습니다. 이를 이용하여 쉽게 수식을 만들고 계산할 수 있습니다.

04 | 엑셀에서 1월 합계를 구할 B8 셀을 선택하고 수식 입력창에서 Ctrl+V를 눌러서 복사한 수식을 붙여넣기 합니다. 수식이 적용되며 1월 매출 합계 값이 표시됩니다.

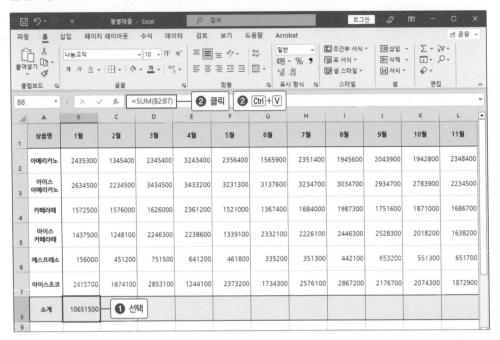

05 | B8 셀에 적용된 수식은 셀의 오른쪽 하단을 더블클릭해도 수식이 적용되지 않습니다. 따라서 수식을 적용하는 방법을 확인하기 위해 빙에서 'B8에 적용된 수식을 C8에서부터 M8 셀까지 적용하여 월별 합계를 구하는 방법을 알려줘'를 입력하고 〔▶〕 아이콘을 클릭합니다.

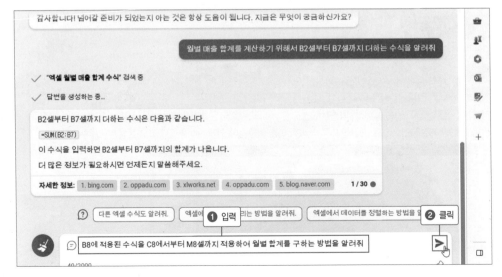

06 │ 빙이 B8 셀에 적용된 수식을 C8 셀에 입력하고 C8 셀의 오른쪽 하단 꼭짓점을 M8 셀까지 드래그하여 수식을 자동 복사하는 방법을 제시합니다.

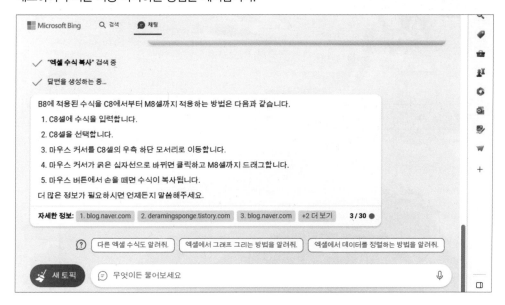

07 │ 엑셀에서 1월 합계 값이 있는 B8 셀의 오른쪽 하단 꼭짓점을 M8 셀까지 드래그하여 수식을 매월 합계항목인 소계에 수식을 적용합니다.

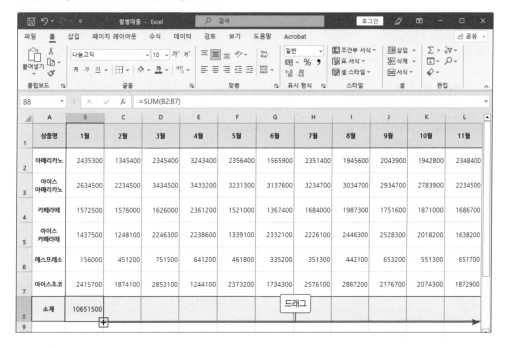

08 | 1월에 적용된 수식이 12월까지 복사되면서 매월 합계가 계산되는 것을 확인할 수 있습니다.

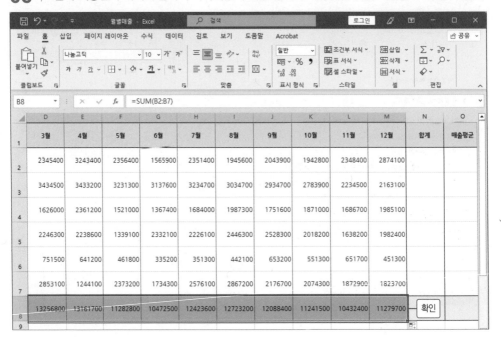

09 | 상품별 매출 합계를 구하기 위해 빙에서 'B2 셀에서부터 M2 셀까지 더해서 상품별 매출 합계를 구하는 방법을 알려줘'를 입력하고 〔▶〕 아이콘을 클릭합니다.

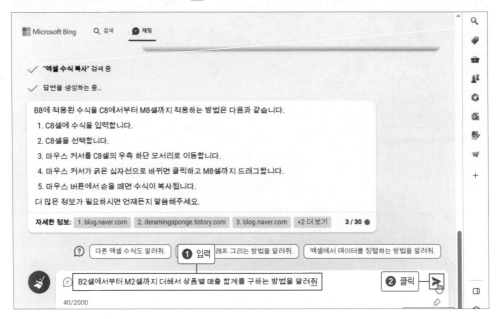

10 | SUM 함수를 사용한 합계 수식 적용 방법과 함께 제시합니다. 수식을 적용하기 위해 수식을 드래그하여 선택하고 Ctrl+C를 눌러 복사합니다.

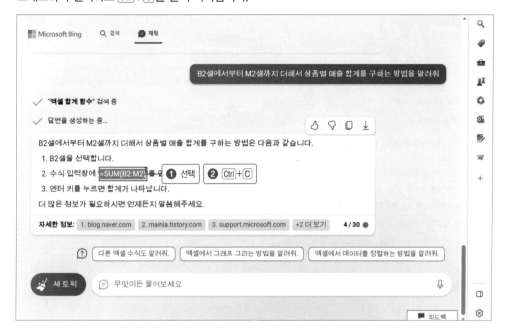

11 | N2 셀을 선택하고 수식 입력창에서 Ctrl+V를 눌러 복사한 수식을 붙여넣기 합니다.

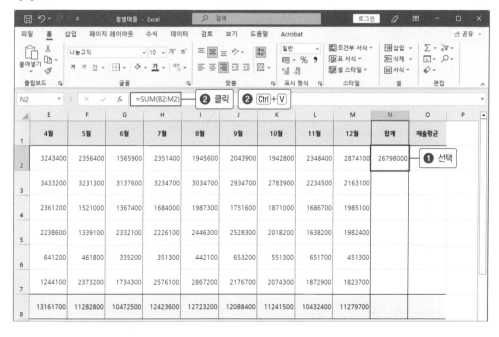

12 | N2에 적용된 수식을 나머지 셀에도 적용하기 위해 빙에서 'N2에 적용한 상품별 수식을 N2부터 N8까지 적용하는 방법을 알려줘'라고 입력하고 ［▶］ 아이콘을 클릭합니다.

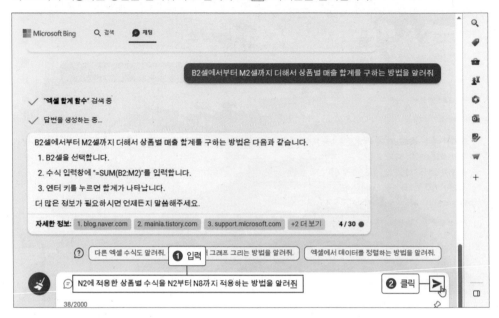

13 | 빙이 N2 셀의 오른쪽 하단의 꼭짓점 부분을 드래그하여 수식을 복사하는 방법을 단계별로 제시합니다.

14 | N2 셀의 수식을 나머지 셀에 적용하기 위해서 오른쪽 하단의 꼭짓점을 N7까지만 드래그하여 수식을 적용합니다.

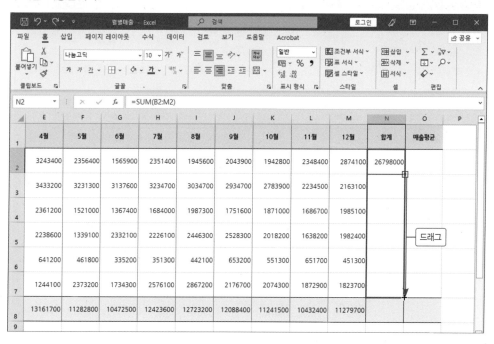

서식 입력

N8까지 드래그하는 경우 적용된 서식 즉, 배경 색상과 테두리까지 B2 셀의 지정된 속성으로 적용되기 때문에 N7까지만 복사하고 N8 셀은 직접 입력하는 것이 좋습니다.

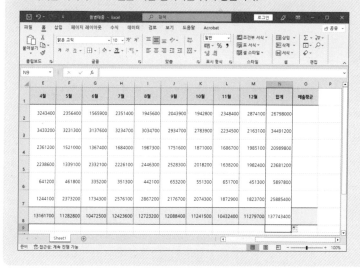

15 | 모든 셀에 상품별 연간 합계 금액이 계산되는 것을 확인할 수 있습니다.

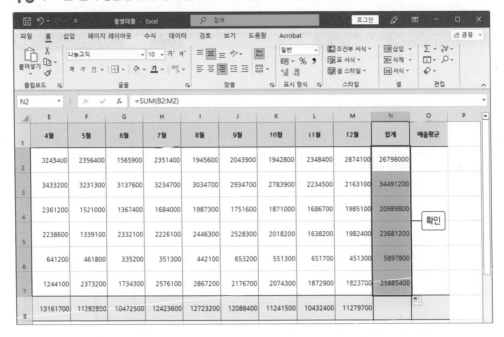

16 | 열의 모든 합계값을 구해 계산하는 SUM 함수를 활용한 수식을 N8 셀에 입력하여 모든 합계 값을 구합니다.

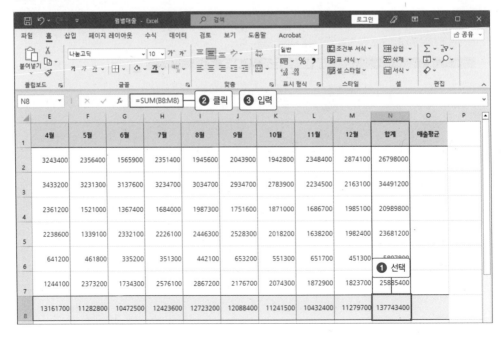

매출 평균값 구하기

01 │ 월 단위 매출 평균을 구하겠습니다. 첫 번째 상품인 아메리카노의 1월 셀인 B2 셀에서부터 M2 셀까지 평균을 내는 방법을 확인하기 위해 빙에서 'O2 셀에 B2에서부터 M2까지의 합계 평균을 내는 수식을 적용하는 방법을 알려줘'를 입력하고 [▶] 아이콘을 클릭합니다.

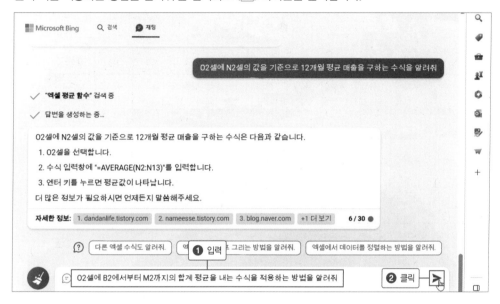

02 │ 빙이 AVERAGE 함수를 사용한 수식 적용 방법을 제시하고 있습니다. 안내된 수식을 드래그하여 선택하고 Ctrl+C를 눌러 복사합니다.

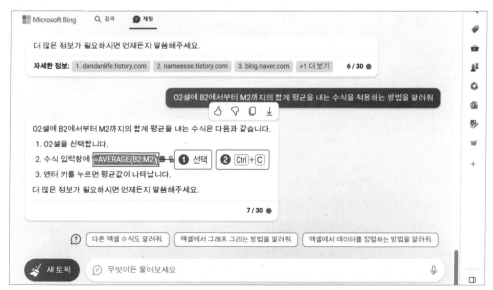

03 | 엑셀에서 O2 셀을 선택하고 수식 입력창에서 Ctrl+V를 눌러 붙여넣기 합니다. 수식이 적용되면서 아메리카노의 매출 평균이 표시됩니다.

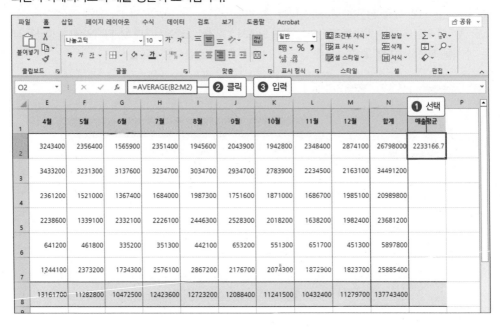

04 | O2 셀에 적용된 수식을 다른 셀에도 복사하기 위해 O2 셀의 오른쪽 하단 꼭짓점을 O7 셀까지 드래그하여 수식을 적용합니다.

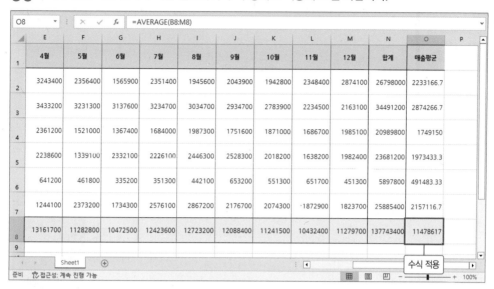

	E	F	G	H	I	J	K	L	M	N	O	P
	O8				fx	=AVERAGE(B8:M8)						
1	**4월**	**5월**	**6월**	**7월**	**8월**	**9월**	**10월**	**11월**	**12월**	**합계**	**매출평균**	
2	3243400	2356400	1565900	2351400	1945600	2043900	1942800	2348400	2874100	26798000	2233166.7	
3	3433200	3231300	3137600	3234700	3034700	2934700	2783900	2234500	2163100	34491200	2874266.7	
4	2361200	1521000	1367400	1684000	1987300	1751600	1871000	1686700	1985100	20989800	1749150	
5	2238600	1339100	2332100	2226100	2446300	2528300	2018200	1638200	1982400	23681200	1973433.3	
6	641200	461800	335200	351300	442100	653200	551300	651700	451300	5897800	491483.33	
7	1244100	2373200	1734300	2576100	2867200	2176700	2074300	1872900	1823700	25885400	2157116.7	
8	13161700	11282800	10472500	12423600	12723200	12088400	11241500	10432400	11279700	137743400	11478617	
9												

수식 적용

알아두기 줄 바꿈 설정하기

엑셀을 사용하는 초보자가 아니더라도 줄 바꿈 기능을 사용하지 못하는 경우가 많습니다. 기본적으로 줄 바꿈은 셀 서식 대화상자의 (맞춤) 탭에서 자동 줄 바꿈을 선택할 수 있지만 (홈) 탭에서 도 자동 줄 바꿈 기능을 선택할 수 있습니다. 그러나 셀의 크기에 맞춰 줄 바꿈이 되기 때문에 단축키 Alt + Enter 를 이용하는 것이 활용도가 높습니다.

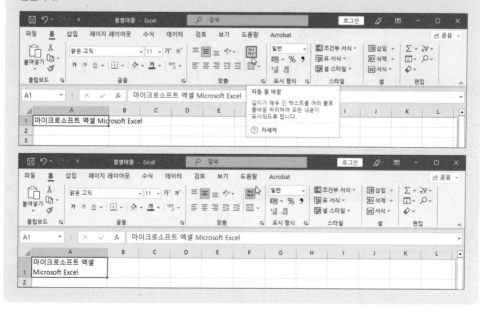

06 · 테이블의 값을 더하고 평균을 쉽게 구하려면?

빙
BING

MICROSOFT

PART

5

문서와 프레젠테이션
실무 AI 협업 방법

각종 문서와 보고서 작성, 프레젠테이션 제작, 홍보용 영상 제작 등은 직장인이라면 일상의 작업이기도 합니다. 이러한 작업은 이제 업그레이드된 AI 기능과 협업하여 실시간으로 작업이 가능합니다. 마치 옆에서 업무 코칭을 하듯이 작업을 도와주는 실무 AI 활용 노하우를 소개합니다.

챗GPT와 **구글 독스**로
워드 문서를 만들려면?

SECTION 01

보고서를 작성할 경우 챗GPT와 빙 이미지 크리에이터, 구글 독스만 있으면, 뛰어난 품질의 워드 문서를 작성할 수 있습니다. 챗GPT로 보고서를 작성하고 연관 이미지를 빙 이미지 크리에이터로 제작한 다음 구글 문서를 만들어 워드로 저장해 봅니다.

보고서는 효과적인 의사 소통과 정보 전달을 위해 중요한 문서입니다. 보고서 작성을 위해서는 필요한 자료를 조사하고 수집하는 과정이 필요합니다. 챗GPT를 이용하면 보고서에 필요한 자료와 분석은 물론 해석을 통해 중요한 내용을 도출할 수 있습니다.

보고서 작성에는 정확하고 신뢰할 수 있는 자료를 사용하는 것이 중요하며, 통계 데이터나 그래프 등을 적절하게 활용하는 것이 중요합니다. 그래픽 이미지가 필요한 경우에는 미리 이미지를 검색하거나 빙 이미지 크리에이터를 이용하여 주제에 맞는 이미지를 사용합니다.

보고서는 크게 정보를 포함하는 표지와 보고서의 목적, 배경, 범위 등을 설명하는 서론, 주요 내용인 본론, 내용을 요약 정리하는 결론으로 나뉩니다. 예제에서는 지구 온난화 보고서 작성을 챗GPT와 빙 이미지 크리에이터로 작업한 이미지를 이용해 가장 기본적인 방법으로 보고서를 작성해 보겠습니다.

챗GPT

지구 온난화 보고서를 자세하게 작성해 줘.

제목 : 지구 온난화 보고서

서론

현재 지구 온난화는 지구 전반에 걸쳐서 심각한 영향을 미치고 있으며, 이 보고서는 2023년의 온난화 상황과 그 영향을 분석하고자 합니다.

온난화의 현황

기후 변화를 나타내는 지표로서 기온 상승이 꾸준히 지속되고 있습니다. 2023년 기온 데이터를 분석한 결과, 지구 평균 기온은 이전 몇 십 년간의 평균보다 상승했습니다.

이러한 기온 상승은 온난화의 주요 특징으로, 이는 인간 활동에 의한 온실가스 배출과 밀접한 연관이 있습니다.

온난화의 영향

1. 기후 패턴 변화

기후 패턴은 지구 온난화로 인해 변화하고 있습니다. 이는 지구의 지리적, 지역적 특성에 따라 다양한 영향을 미치고 있습니다. 극지방에서는 빙하와 빙산의 녹음이 가속화되고, 해빙이 증가하고 있습니다. 이는 해수면 상승을 초래하고 해양 생태계에 부정적인 영향을 미치고 있습니다.

열대 지역에서는 강수량의 변동이 발생하고 있으며, 가뭄이나 폭우와 같은 극단적인 기후 사건의 발생 빈도가 증가하고 있습니다.

2. 자연재해

기후 변화로 인해 자연재해의 발생 빈도와 강도가 증가하고 있습니다.

태풍, 폭풍, 가뭄, 홍수 등의 자연재해는 인간과 자연 환경에 심각한 피해를 입힙니다.

2023년 동안은 세계 곳곳에서 많은 규모의 자연재해가 발생했으며, 이로 인해 인명 피해, 재산 손실, 인구 이동, 식량 부족 등의 문제가 발생했습니다.

생태계 변화

지구 온난화는 생태계에 대한 위협을 안고 있습니다. 기후 변화로 인해 생태계의 종 다양성이 감하고, 멸종 위기에 처한 종들이 늘어나고 있습니다. 식물과 동물의 서식지가 변화하고, 이에 따른 식량 연쇄와 생태계의 균형이 위협받고 있습니다. 바다 생태계 역시 해수면 상승과 온도 상승으로 인해 영향을 받고 있으며, 산호초 및 어족 자원 등이 위험에 노출되고 있습니다.

대응 및 대책

지구 온난화 대응을 위해 국제적 협력이 필요합니다. 파리협약 등 국제 협약을 통해 온실가
스 감축과 재생에너지 개발 등을 촉진해야 합니다. 지구 온난화에 대한 인식 개선과 환경 보
호 교육의 중요성을 강조해야 합니다.

기술 혁신과 친환경적인 산업구조로의 전환을 통해 온실가스 배출을 줄이는 노력이 필요합
니다. 자원의 효율적 이용과 재활용을 통해 환경 부담을 경감할 수 있는 방안을 모색해야 합
니다.

결론

2023년 지구 온난화 상황은 심각한 수준에 이르렀으며, 이는 인간과 자연 환경에 많은 영향
을 미치고 있습니다. 긴급한 조치와 국제적 협력을 통해 온실가스 감축과 기후 변화에 대응
하는 노력을 지속해야 합니다. 우리의 지구를 지키기 위해 지속 가능한 개발과 환경 보호에
최선을 다해야 합니다.

구글 문서에서 템플릿 사용하기

01 | 구글 브라우저를 실행하고 〔Google 앱〕 아이콘을 클릭한 다음 구글 문서인 〔Docs〕를 클릭합
니다.

02 │ 새 문서 시작 화면이 표시되면 문서 작성을 위해 마음에 드는 템플릿을 선택합니다. 예제에서는 [프로젝트 제안서]를 클릭하였습니다.

03 │ 챗GPT가 제안한 답변을 드래그하여 블록으로 지정하고 마우스 오른쪽 버튼을 클릭한 다음 [복사]를 선택합니다.

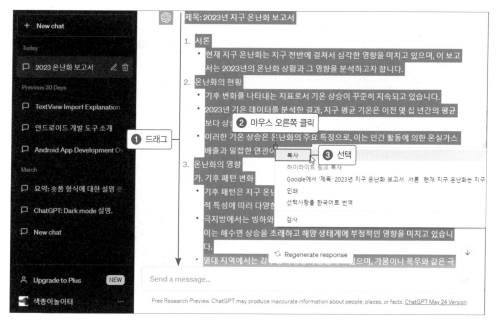

04 │ 구글 문서에서 Ctrl+V를 눌러 템플릿에 맞게 붙여 넣습니다.

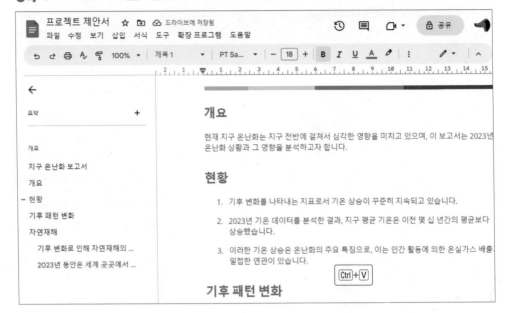

예제 파일 다운로드 : 13쪽 참조
예제 파일 : 북극곰.jpg

빙 이미지 크리에이터 이미지 삽입하기

01 │ 템플릿에 맞게 문서가 완성되면 빙 이미지 크리에이터에서 제작한 이미지를 넣기 위해 템플릿의 이미지를 선택합니다. 〔삽입〕 메뉴에서 〔이미지〕 → 〔컴퓨터에서 업로드〕를 선택합니다.

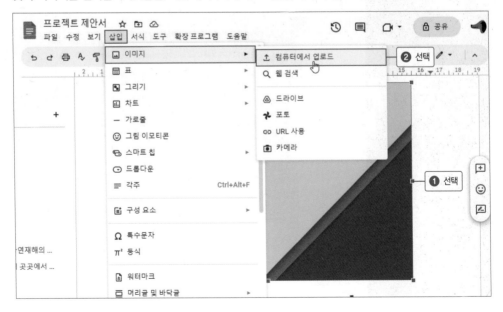

02 〔열기〕대화상자가 표시되면 빙 이미지 크리에이터에서 제작한 이미지를 선택하고 〔열기〕버튼을 클릭합니다. 그림과 같이 템플릿 이미지가 제작한 이미지로 대체되었습니다. 이미지 모서리를 드래그하여 이미지 크기를 조정합니다.

빙 이미지 크리에이터를 이용한 이미지 제작 방법은 141쪽을 참조하세요.

03 같은 방법으로 이미지를 삽입한 다음 워드 파일로 저장하기 위해 〔파일〕메뉴에서 〔다운로드〕 → 〔Microsoft Word(.docx)〕를 선택합니다.

AI와 **협업**하여 실시간으로
문서 작성을 하려면?

글을 작성할 때 글쓰기가 막히거나 자료를 인용할 때 AI의 도움을 받으면 작성자는 더욱 원활하고 효율적으로 문서를 완성할 수 있습니다. 문서를 완전히 작성한 후 수정하려면 상당한 시간이 소요될 수 있기 때문입니다. AI 기능을 이용한 문서 작성의 기준이 되는 캔바를 사용하여 문서를 작성해 보세요.

캔바는 문서 작성을 보다 효율적으로 도와주는 도구로, 실시간으로 AI 기능을 활용하여 작성 중인 문서에 바로 도움을 제공합니다. 이를 통해 사용자는 번거로운 복사-붙여넣기 과정 없이도 AI의 제안을 실시간으로 받아들여 문서를 완성할 수 있습니다. 이러한 기능을 통해 사용자는 작성하는 도중에도 자료를 추가하거나 내용을 보강할 때 AI의 도움을 바로 받을 수 있어 효율적이고 원활한 문서 작성이 가능합니다.

문서 작성하기

01 │ 캔바를 실행하기 위해 브라우저에서 'canva.com'을 입력한 다음 가입을 위해 〔무료로 가입하기〕 버튼을 클릭합니다.

02 | Canva 이용 약관이 표시되면 모든 항목에 체크 표시하고 [동의 및 계속] 버튼을 클릭합니다. 빠르게 로그인 또는 가입 화면에서 SNS 계정으로 로그인합니다. 예제에서는 [Google로 계속하기] 버튼을 클릭하였습니다.

03 | 계정 선택 화면이 표시되면 구글 계정을 선택합니다.

04 | 사용 목적을 묻는 화면이 표시되면 사용자의 목적을 선택합니다. 예제에서는 [개인]을 선택합니다.

05 | 홈 화면이 표시되면 문서를 작성하기 위해 (Docs)를 클릭한 다음 문서 제작을 위해 (쓰기 시작)을 클릭합니다.

06 | 문서의 첫줄에 문서의 제목을 입력합니다. 예제에서는 'MZ 세대 마케팅이 트렌드가 되는 시대'를 입력하였습니다.

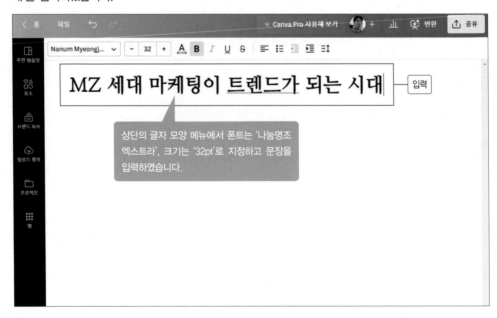

AI 기능으로 문서 작성하기

01 │ Enter 를 눌러 다음 줄로 커서를 이동시킨 다음 (매직 추가하기) 아이콘을 클릭하여 표시되는 팝업 메뉴에서 (Magic Write)를 선택합니다.

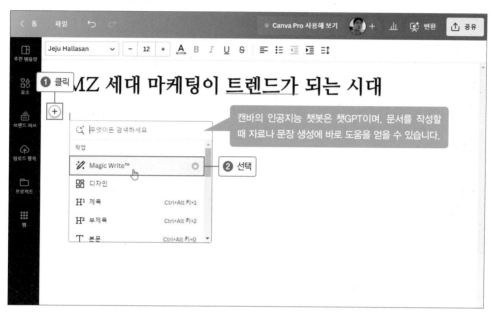

02 │ 입력창이 표시되면 'MZ 세대의 특징'이라고 입력한 다음 Enter 를 누릅니다.

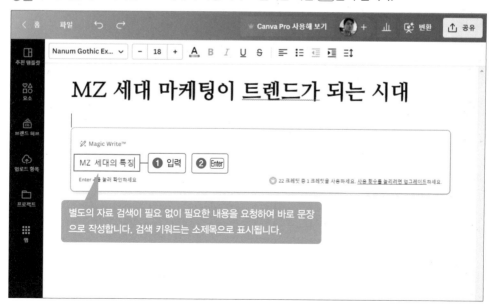

03 | 그림과 같이 AI가 MZ 세대의 특징을 서술하여 문장으로 입력합니다. 글자 모양은 적용할 문장을 드래그하여 선택하고 상단의 폰트 옵션이나 크기를 설정하여 원하는 모양으로 조정합니다.

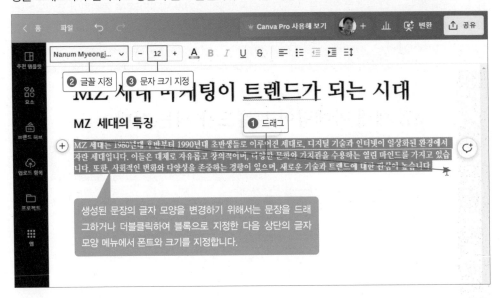

04 | Enter를 누른 다음 [매직 추가하기] 아이콘을 클릭하여 표시되는 팝업 메뉴에서 [Magic Write]를 선택합니다.

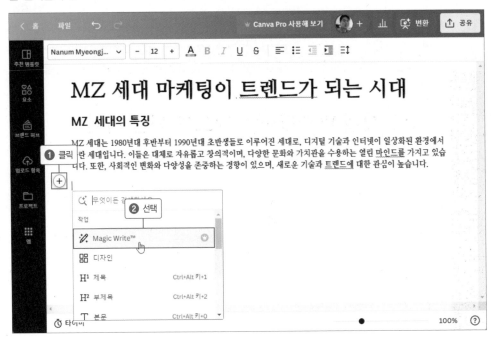

05 | 입력창이 표시되면 'MZ 소비 패턴과 구매력'을 입력한 다음 Enter를 누릅니다.

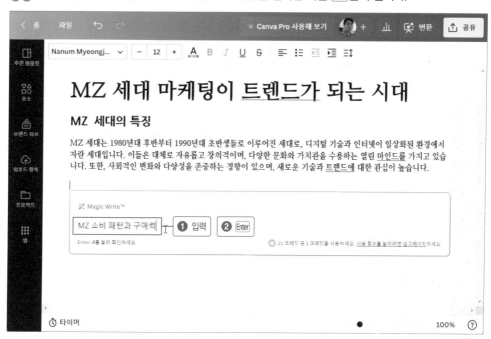

06 | 그림과 같이 AI가 MZ 소비 패턴과 구매력을 서술하여 문장으로 바로 입력됩니다.

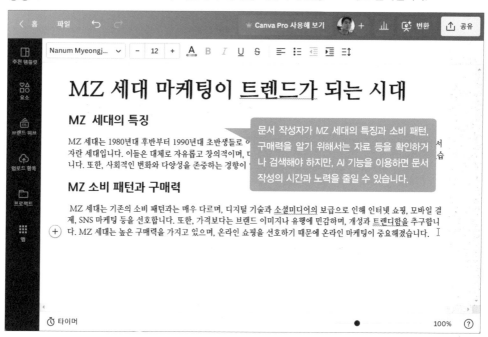

문장 확장 요청하기

01 | AI가 작성한 문장의 내용을 좀 더 심화하기 위해 해당 문장을 더블클릭하거나 드래그하여 블록으로 지정한 다음 (매직 추가하기) 아이콘을 클릭합니다.

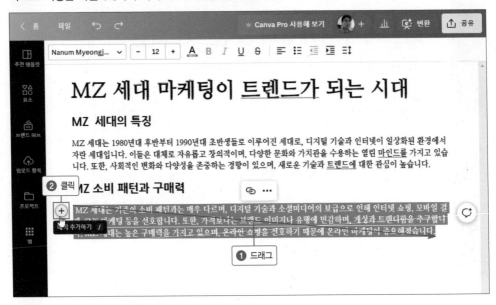

02 | 표시되는 팝업 메뉴에서 (텍스트 확장)을 선택합니다.

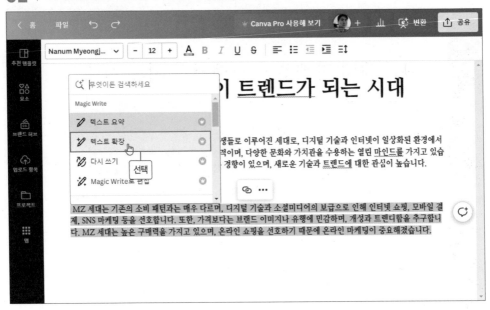

03 | 3줄이였던 문장을 AI 기능으로 좀 더 자세하게 내용을 심화하여 10줄의 문장으로 작성되었습니다.

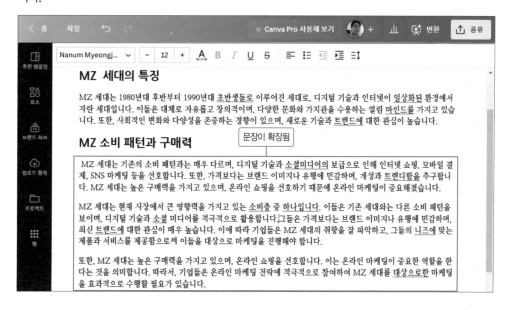

삽입할 이미지 제안 받기

01 | 문장에 내용에 맞는 이미지를 삽입하기 위해 이미지가 삽입될 위치에 커서를 위치시킨 다음 왼쪽 메뉴에서 〔요소〕를 클릭합니다. 검색 창에 '쇼핑하는 사람'을 입력합니다.

02 | 주제에 맞는 이미지가 표시되면 (사진)을 클릭하고 해당 이미지를 클릭한 다음 문서 안으로 드래그합니다. 이미지가 삽입되면 삽입된 이미지를 클릭한 다음 드래그하는 방식으로 이미지 크기를 조정합니다.

03 | 가독성을 위해 소제목을 드래그하여 블록으로 지정한 다음 상단 메뉴에서 (텍스트 색상) 아이콘을 클릭하여 원하는 색상을 선택합니다. 마지막으로 문서를 저장하기 전에 문장을 검토합니다.

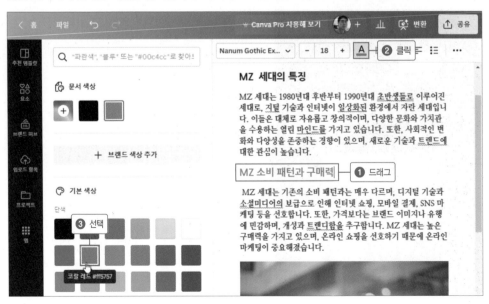

문서 파일 저장하기

01 │ 문서를 저장하기 위해 (공유) 버튼을 클릭한 다음 문서 크기를 A4로 지정하고 (다운로드) 버튼을 클릭합니다. 내 PC에 PDF 파일로 다운로드됩니다.

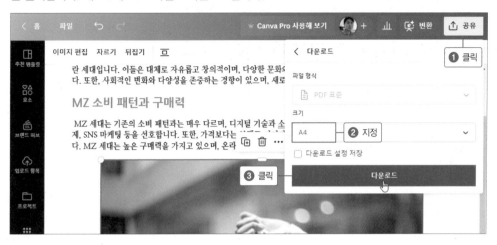

02 │ 다운로드된 PDF 파일을 더블클릭하여 문서를 확인하면 그림과 같이 한 장의 문서로 저장되어 있는 것을 확인할 수 있습니다.

MZ 세대 마케팅이 트렌드가 되는 시대

MZ 세대의 특징

MZ 세대는 1980년대 후반부터 1990년대 초반생들로 이루어진 세대로, 디지털 기술과 인터넷이 일상화된 환경에서 자란 세대입니다. 이들은 대체로 자유롭고 창의적이며, 다양한 문화와 가치관을 수용하는 열린 마인드를 가지고 있습니다. 또한, 사회적인 변화와 다양성을 존중하는 경향이 있으며, 새로운 기술과 트렌드에 대한 관심이 높습니다.

MZ 세대의 소비 패턴과 구매력

MZ 세대는 기존의 소비 패턴과는 매우 다르며, 디지털 기술과 소셜미디어의 보급으로 인해 인터넷 쇼핑, 모바일 결제, SNS 마케팅 등을 선호합니다. 또한, 가격보다는 브랜드 이미지나 유행에 민감하며, 개성과 트렌디함을 추구합니다. MZ 세대는 높은 구매력을 가지고 있으며, 온라인 쇼핑을 선호하기 때문에 온라인 마케팅이 중요해졌습니다.

MZ 세대는 현재 시장에서 큰 영향력을 가지고 있는 소비층 중 하나입니다. 이들은 기존 세대와는 다른 소비 패턴을 보이며, 디지털 기술과 소셜 미디어를 적극적으로 활용합니다. 그들은 가격보다는 브랜드 이미지나 유행에 민감하며, 최신 트렌드에 대한 관심이 매우 높습니다. 이에 따라 기업들은 MZ 세대의 취향을 잘 파악하고, 그들의 니즈에 맞는 제품과 서비스를 제공함으로써 이들을 대상으로 마케팅을 진행해야 합니다.

또한, MZ 세대는 높은 구매력을 가지고 있으며, 온라인 쇼핑을 선호합니다. 이는 온라인 마케팅이 중요한 역할을 한다는 것을 의미합니다. 따라서, 기업들은 온라인 마케팅 전략에 적극적으로 참여하여 MZ 세대를 대상으로한 마케팅을 효과적으로 수행할 필요가 있습니다. 이러한 MZ세대의 특징을 잘 파악하고 대처하는 기업들은 시장에서 성공적인 성과를 거둘 수 있을 것입니다.

❶ 챗GPT가 적용된 매직 라이트 기능으로 작성자가 필요한 문장을 실시간으로 생성

❷ 문장 생성 입력창에서 AI에게 작성시키려는 문장의 키워드를 입력

❸ 작성한 문장의 내용을 요약하거나 내용 보강을 위한 문장 확장 또는 재작성을 요청

❹ AI가 주제에 맞는 이미지를 검색하여 추천한 이미지를 선택하고 문서에 삽입

밋밋한 문서 파일을
디자인 프레젠이션 파일로
변환하려면?

기존 작성 방식대로 작성한 문서 파일을 프레젠테이션 파일로 만들려면 파워포인트나 프레젠테이션 제작 프로그램을 이용하여 재작업을 해야 했습니다. 캔바를 사용하면 문서 파일을 쉽게 프레젠테이션 파일로 변환할 수 있습니다.

캔바는 문서의 각 장을 여러 개의 슬라이드로 분할하여 디자인이 적용된 프레젠테이션 파일로 만듭니다. 또한 다양한 템플릿 디자인과 레이아웃을 선택하여 원하는 형태의 프레젠테이션 파일을 손쉽게 생성할 수 있습니다. 이를 통해 문서의 내용을 효과적으로 발표할 수 있는 멋진 프레젠테이션을 만들 수 있습니다.

문서 파일을 프레젠테이션 파일로 변환하기

01 │ 문서 파일을 작성하였다면 프레젠테이션 변환을 위해 문서 파일을 캔바에서 엽니다. [최근 디자인] 옵션을 보면 이전 과정에서 작성한 문서가 저장되어 있는 것을 확인할 수 있습니다.

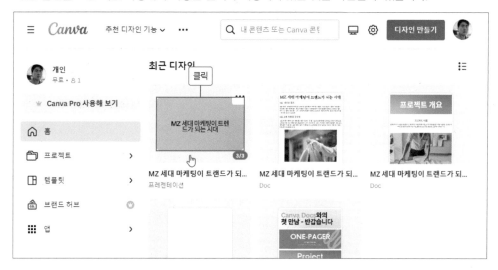

02 | 작성한 문서 파일을 프레젠테이션을 위한 슬라이드 파일로 변환이 가능합니다. 상단 메뉴에서 〔변환〕버튼을 클릭합니다.

03 | 'Docs → 프레젠테이션 변환'을 소개합니다. 화면이 표시되면 〔시작하기〕버튼을 클릭합니다.

04 프레젠테이션으로 변환하기 위해 템플릿 디자인을 선택합니다. 제공하는 템플릿을 클릭하면 슬라이드의 디자인 형태를 미리 확인이 가능합니다. 원하는 스타일의 템플릿을 클릭합니다. 예제에서 그러데이션이 적용된 템플릿을 클릭하면 오른쪽 화면에 디자인이 적용된 문서를 확인할 수 있습니다. 〔프레젠테이션 만들기〕 버튼을 클릭합니다.

05 한 장의 문서가 디자인이 적용된 프레젠테이션을 위한 슬라이드로 구성되었습니다. 하단의 섬네일 형태의 슬라이드를 클릭하여 변환된 슬라이드 구성을 확인합니다.

레이아웃 변경하기

01 │ 변환된 슬라이드의 레이아웃을 변경해 보겠습니다. 왼쪽 메뉴에서 (디자인)을 클릭한 다음 (레이아웃)을 클릭하면 추천 레이아웃에서 변형할 레이아웃을 제시합니다.

02 │ 예제에서는 원형 레이아웃을 선택하였습니다. 기존 슬라이드 구조가 선택한 레이아웃에 맞게 변경되었습니다. (공유) 버튼을 클릭하여 제작된 프레젠테이션 슬라이드를 파일로 저장합니다.

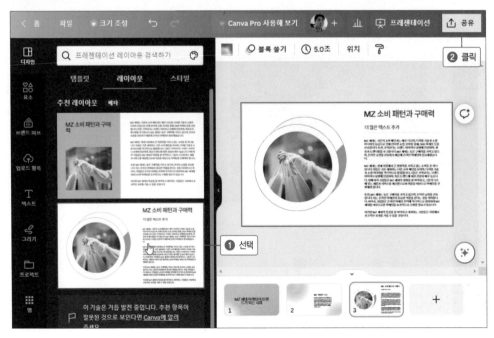

MZ 세대 마케팅이 트렌드가 되는 시대

MZ 세대의 특징

MZ 세대는 1980년대 후반부터 1990년대 초반생들로 이루어진 세대로, 디지털 기술과 인터넷이 일상화된 환경에서 자란 세대입니다. 이들은 대체로 자유롭고 창의적이며, 다양한 문화와 가치관을 수용하는 열린 마인드를 가지고 있습니다. 또한, 사회적인 변화와 다양성을 존중하는 경향이 있으며, 새로운 기술과 트렌드에 대한 관심이 높습니다.

MZ 세대의 소비 패턴과 구매력

MZ 세대는 기존의 소비 패턴과는 매우 다르며, 디지털 기술과 소셜미디어의 보급으로 인해 인터넷 쇼핑, 모바일 결제, SNS 마케팅 등을 선호합니다. 또한, 가격보다는 브랜드 이미지나 유행에 민감하며, 개성과 트렌디함을 추구합니다. MZ 세대는 높은 구매력을 가지고 있으며, 온라인 쇼핑을 선호하기 때문에 온라인 마케팅이 중요해졌습니다.

MZ 세대는 현재 시장에서 큰 영향력을 가지고 있는 소비층 중 하나입니다. 이들은 기존 세대와는 다른 소비 패턴을 보이며, 디지털 기술과 소셜 미디어를 적극적으로 활용합니다. 그들은 가격보다는 브랜드 이미지나 유행에 민감하며, 최신 트렌드에 대한 관심이 매우 높습니다. 이에 따라 기업들은 MZ 세대의 취향을 잘 파악하고, 그들의 니즈에 맞는 제품과 서비스를 제공함으로써 이들을 대상으로 마케팅을 진행해야 합니다.

또한, MZ 세대는 높은 구매력을 가지고 있으며, 온라인 쇼핑을 선호합니다. 이는 온라인 마케팅이 중요한 역할을 한다는 것을 의미합니다. 따라서, 기업들은 온라인 마케팅 전략에 적극적으로 참여하여 MZ 세대를 대상으로한 마케팅을 효과적으로 수행할 필요가 있습니다. 이러한 MZ세대의 특징을 잘 파악하고 대처하는 기업들은 시장에서 성공적인 성과를 거둘 수 있을 것입니다.

❶ 문서를 프레젠테이션 슬라이드 문서로 자동 변환

❷ 변환된 슬라이드에 템플릿 디자인 선택 적용

❸ 다양한 레이아웃 제안을 선택하여 자동으로 적용 완성

AI와 **협업**하여
계획서 프레젠테이션 만들기

SECTION 04

AI가 프레젠테이션을 구성하고, 사용자는 내용을 검토하고 필요에 따라 수정, 교체 작업을 수행하여 프레젠테이션 작업을 진행할 수 있습니다. 예제에서는 감마 앱을 활용하여 프레젠테이션 자료를 만들어봅니다.

프레젠테이션 구성은 크게 슬라이드 흐름과 내용에 대한 주제를 소개하는 개요로 시작합니다. 개요에서는 프레젠테이션의 목적과 구성 방법을 설명합니다. 다음으로, 주제를 세분화하여 여러 부분으로 목차를 구성합니다. 목차는 주요 부분이나 섹션을 명확하고 논리적인 순서로 제시합니다. 이때, 감마 앱을 이용하면 주제에 맞는 목차 구성을 제시하고 사용자는 필요에 따라 목차를 추가, 수정 또는 삭제할 수 있습니다.

목차가 정리되면 AI가 해당 주제에 맞게 내용과 이미지를 추가하여 슬라이드를 자동으로 제작합니다. 이렇게 생성된 슬라이드를 사용자는 검토하고 필요에 따라 내용을 수정하거나 교체할 수 있습니다. 또한, 주제와 관련된 이미지 예시나 사례 연구를 제시하여 내용을 더욱 구체화할 수 있습니다. 프레젠테이션의 마지막 슬라이드는 결론으로 구성됩니다. 결론 슬라이드에서는 프레젠테이션의 요점을 간략히 요약하여 핵심 메시지를 강조합니다.

알아두기 감마 앱의 인공지능인 GPT-3

감마 앱의 인공지능은 자연어 처리 기술을 사용하여 작성한 텍스트를 분석하고 이를 바탕으로 PPT나 문서를 생성합니다. 감마 앱은 GPT-3 기술을 사용하여 자동으로 PPT나 문서를 생성하기 때문에 자연어 처리 분야에서 더욱 효율적인 업무 처리가 가능할 것입니다.

계정과 작업 공간 이름 설정하기

01 | 슬라이드 형태의 프레젠테이션을 제작하기 위해 브라우저 주소 창에 'gamma.app'을 입력합니다. 무료로 가입하기 위해 (Sign up for free) 버튼을 클릭합니다.

02 | 회원 가입을 위해 구글 계정 또는 이메일을 입력합니다. 예제에서는 구글 계정으로 가입하기 위해 (Continue with Google) 버튼을 클릭하였습니다.

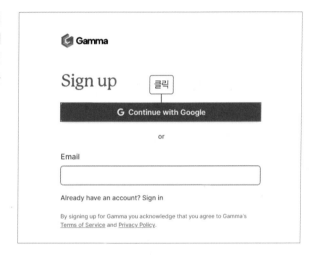

03 | 계정 선택 화면이 표시되면 구글 계정을 선택합니다.

04 | Gamma 화면에서 작업 공간 이름을 입력한 다음 (Create workspace) 버튼을 클릭합니다. 작업 목적을 선택한 다음 (Get started) 버튼을 클릭합니다.

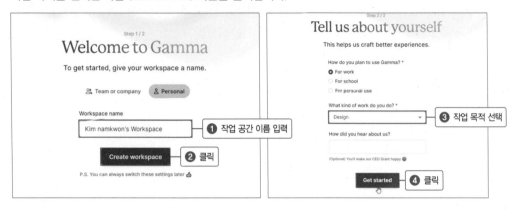

프레젠테이션 구성하기

01 | 홈 화면이 표시되면 프레젠테이션 작업을 하기 위해 (Presentation) 버튼을 클릭합니다. 프레젠테이션 주제를 입력창에 입력합니다. 예제에서는 '효율적인 캠핑 계획'을 입력한 다음 (▶) 아이콘을 클릭하였습니다.

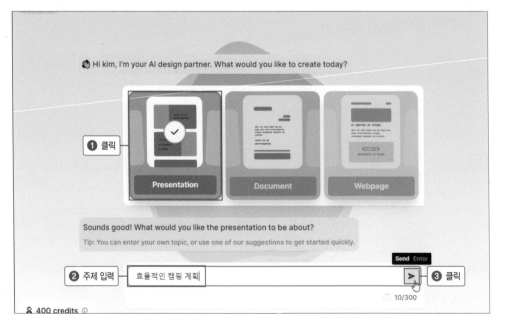

02 | AI가 한국어를 인식하고 주제에 맞게 프레젠테이션 소제목 구성을 제안합니다. 추가할 구성이 있다면 직접 입력한 다음 (Continue) 버튼을 클릭합니다.

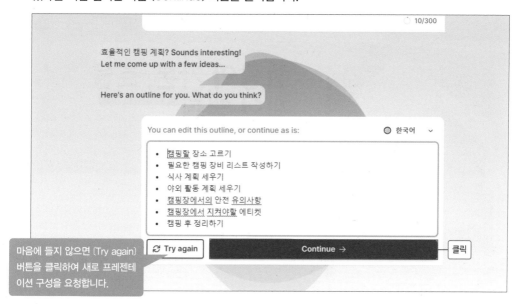

마음에 들지 않으면 (Try again) 버튼을 클릭하여 새로 프레젠테이션 구성을 요청합니다.

테마 선택과 슬라이드 제작하기

01 | 디자인 테마를 선택하는 화면이 표시되면 원하는 형태의 테마를 클릭합니다. 예제에서는 (Prism)을 클릭한 다음 (Continue) 버튼을 클릭하였습니다.

테마는 언제든지 변경이 가능하므로, 슬라이드 제작 후에 어울리는 테마로 변경하면 됩니다.

02 | 그림과 같이 AI 기능이 프레젠테이션 소제목에 맞게 이미지와 프레젠테이션 내용을 작성합니다.

03 | AI 기능이 소제목에 맞게 이미지와 내용을 추가하면서 프레젠테이션 콘텐츠를 제작합니다.

04 │ 제작된 내용에서 좀 더 자세하게 구성해 보겠습니다. 내용을 보강하려는 슬라이드 화면으로 이동한 다음 AI 도움을 받기 위해 〔Edit with AI〕 아이콘을 클릭합니다.

05 │ 채팅 화면이 표시되면 입력창에 요청 사항을 입력합니다. 예제에서는 '캠핑장에서의 에티켓에 대해 자세히 구성해 줘'를 입력하고 Enter를 눌렀습니다.

06 │ AI가 내용을 보강하여 제안합니다. 답변 항목에 'Suggested'와 'Original'이 표시되며, 클릭하면 원본과 보강 내용을 비교 확인해 볼 수 있습니다.

07 │ 'Suggested' 항목을 클릭하면 보강된 내용이 적용된 것을 확인할 수 있습니다.

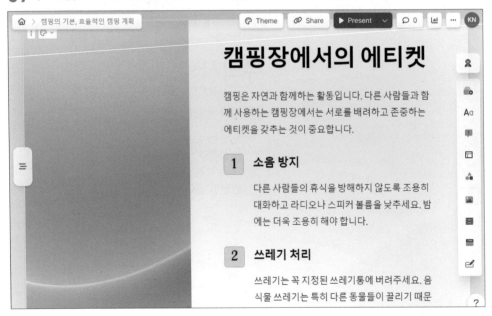

AI가 제안하는 이미지 추가하기

01 | 이번에는 슬라이드에 AI가 추천하는 이미지를 삽입해 보겠습니다. 이미지를 추가하려는 슬라이드로 이동합니다. 이미지를 삽입하려는 슬라이드 위치에서 (Edit with AI) 아이콘을 클릭합니다.

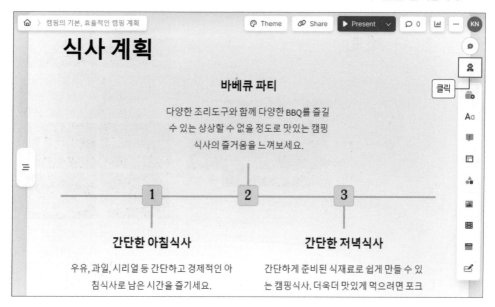

02 | 입력창에 '식사 계획에 사진을 추가해 줘'를 입력한 다음 Enter를 누릅니다.

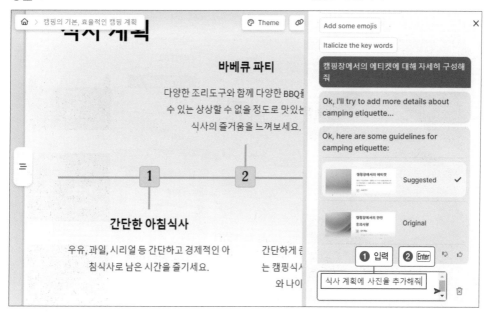

03 | AI 기능이 슬라이드 내용에 맞는 다양한 이미지를 조각 그림 형태로 제시합니다. 원하는 그림을 슬라이드로 드래그하여 이미지가 슬라이드에 삽입되면 이미지를 드래그하여 크기를 조절합니다.

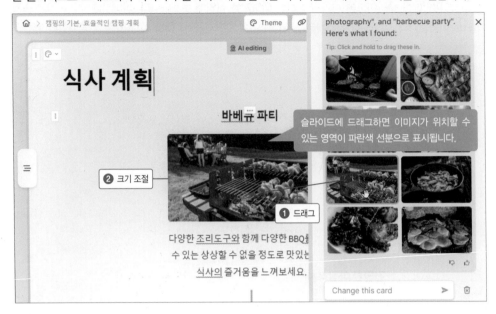

테마와 슬라이드 편집 수정하기

01 | 테마를 수정하기 위해 Theme 옵션에서 적용시키려는 테마를 선택합니다. 예제에서는 캠핑 주제에 맞게 (Oasis)를 클릭한 다음 (Done) 버튼을 클릭하였습니다.

02 │ 전체 슬라이드 색상이 변경된 것을 확인한 다음 불필요한 슬라이드를 삭제하기 위해 (목차) 탭을 클릭합니다.

03 │ 목차가 표시되면 불필요한 목차 오른쪽에 위치한 (…) 아이콘을 클릭하여 표시되는 팝업 메뉴에서 (Delete)를 클릭합니다. 선택한 항목이 삭제되는 것을 확인할 수 있습니다.

04 〔:::〕 아이콘을 클릭하면 해당 문장이 블록으로 지정되는 것을 확인할 수 있습니다. 문장 상단에는 편집 메뉴가 아이콘 형태로 제공됩니다.

05 폰트를 두껍게 변경하기 위해 〔Bold〕 아이콘을 클릭하고 글자 색을 지정하기 위해 〔Text color〕 아이콘을 클릭합니다. 글자색을 초록색으로 지정하기 위해 팝업 메뉴에서 〔Green〕을 선택합니다.

슬라이드 다운로드하여 저장하기

01 │ 프레젠테이션 작업이 완료되었다면 슬라이드 쇼 형태로 보기 위해 [Presentation view] 버튼을 클릭합니다.

02 │ 슬라이드 쇼 형태로 표시됩니다. 키보드의 화살표 키를 눌러 슬라이드를 이동시키면서 프레젠테이션 결과물을 확인합니다.

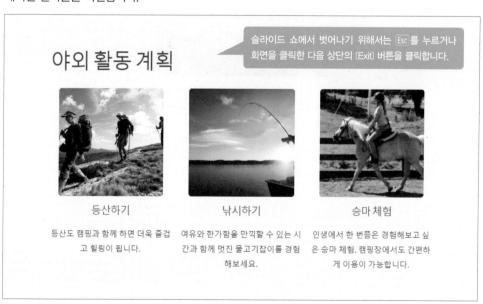

03 │ 프레젠테이션 작업물을 저장하기 위해 (⋯) 아이콘을 클릭한 다음 팝업 메뉴에서 (Export PDF)를 클릭합니다.

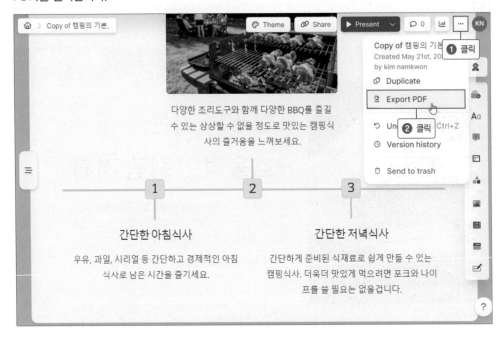

04 │ 내 PC의 (다운로드) 폴더에 프레젠테이션 작업물이 다운로드됩니다.

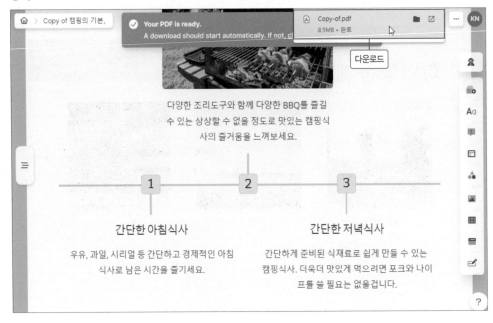

AI와 함께
보고서 작성하기

SECTION 05

보고서 작성을 잘하기 위해서는 작성 전에 구조화된 계획을 세워야 합니다. 목차를 만들고 보고서의 핵심 주제와 섹션을 정의해야 합니다. 이렇게 하면 작성하는 동안 주제를 빠르게 정리할 수 있습니다. 감마 앱을 이용하여 보고서를 작성하면 AI가 알아서 보고서의 섹션을 정리해 주며, 섹션에 맞게 보고서를 작성합니다.

보고서는 주로 문장으로 구성되어 있기 때문에 중요한 정보는 강조하여 표시하는 것이 좋습니다. 강조 텍스트나 도해 박스 등을 사용하여 독자의 주의를 집중시킬 수 있습니다. 감마 앱에서는 표나 박스 기능을 사용자가 직접 제작하지 않아도 프롬프트 문장으로 지시하여 문장 박스나 도해를 만들 수 있습니다. 이러한 문장 박스나 도해는 정보를 시각적으로 전달하여 문서를 보다 완성도 있게 만듭니다.

주제에 맞는 문서 목차 구성하기

01 | 감마 앱을 실행한 다음 홈 화면이 표시되면 문서를 작성하기 위해 (Document) 버튼을 클릭합니다. 문서 주제를 입력창에 입력합니다. 예제에서는 '친환경을 위한 재활용 보고서'를 입력한 다음 (▶) 아이콘을 클릭하였습니다.

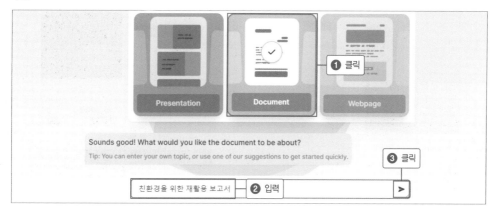

02 │ AI가 한국어를 인식하고 주제에 맞게 문서의 소제목 구성을 제안합니다. 추가할 구성이 있다면 직접 입력할 수도 있습니다. (Continue) 버튼을 클릭합니다.

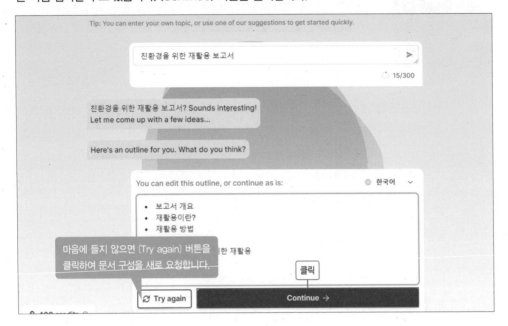

03 │ 디자인 테마를 선택하는 화면이 표시되면 원하는 형태의 테마를 클릭합니다. 예제에서는 (Default (light))를 클릭한 다음 (Continue) 버튼을 클릭하였습니다.

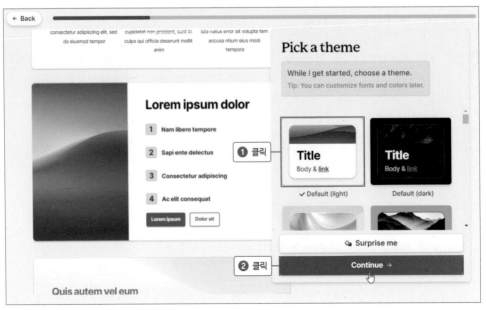

평어체를 경어체로 변경하기

01 │ AI가 주제에 맞게 문서를 작성하였습니다. 오른쪽의 브라우저 슬라이더를 드래그하여 작성된 문서를 확인합니다.

02 │ 문장의 어미가 '이다', '한다'로 끝나는 평어체를 경어체로 변경해 보겠습니다. (Edit with AI) 아이콘을 클릭합니다.

03 | 경어체로 바꿀 페이지로 이동한 다음 입력창이 표시되면 '문장을 경어체로 바꿔줘'라고 입력한 다음 Enter를 누릅니다.

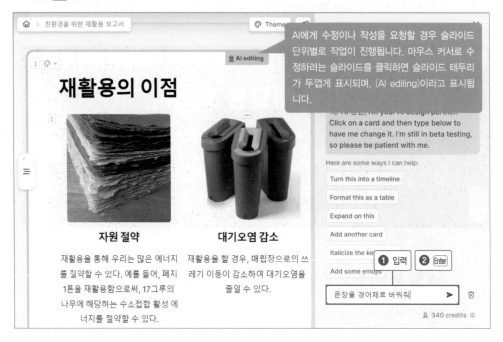

04 | 그림과 같이 문장이 경어체로 변경된 것을 확인할 수 있습니다.

05 〔Original〕을 클릭하면 원래의 평어체 문장으로, 다시 〔Suggested〕를 클릭하면 다시 경어체로 변경됩니다.

AI가 제시하는 이미지로 변경하기

01 AI가 제시하는 이미지로 변경해 보겠습니다. 먼저 변경하려는 이미지를 클릭합니다.

02 │ 이미지를 클릭하면 오른쪽 Media 화면이 표시되면서 내용에 맞는 이미지를 제시합니다. 마음에 드는 이미지를 클릭한 다음 변경하려는 이미지로 드래그합니다.

03 │ 그림과 이미지가 변경된 것을 확인할 수 있습니다.

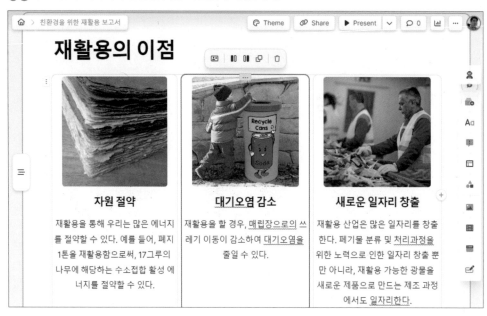

프롬프트로 문장 강조 박스 만들기

01 밋밋한 문장을 강조하기 위해 박스 형태를 만들어 보겠습니다. 문장이 박스 안에 들어가도록 조정하기 위해 (Edit with AI) 아이콘을 클릭합니다.

02 박스 처리할 문장의 키워드를 넣어서 AI에게 요청을 합니다. 예제에서는 '줄이기와 재사용, 재활용을 강조하기 위해 박스를 넣어줘'를 입력하였습니다.

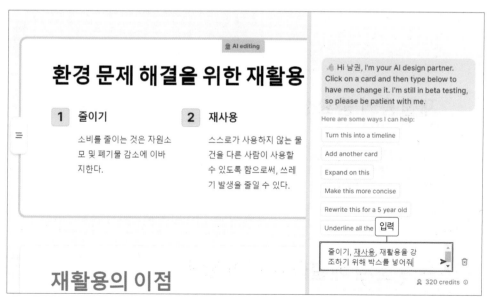

03 | 그림과 같이 문장에 색상이 채워진 박스가 각각 처리된 것을 확인할 수 있습니다.

별도의 박스를 만들어 재편집하지 않아도 AI가 강조하려는 문장을 박스 처리한 것을 볼 수 있습니다.

키워드로 문장 시각화하기

01 | 일반적인 가로행 문장을 시각화하기 위해 문장을 드래그하여 블록으로 지정한 다음 (Edit with AI) 아이콘을 클릭합니다.

문장을 드래그하거나 문장을 세 번 클릭하면 해당 문장이 블록으로 지정됩니다.

02 │ 입력창에 '핵심 포인트를 시각화해 줘'라고 입력합니다.

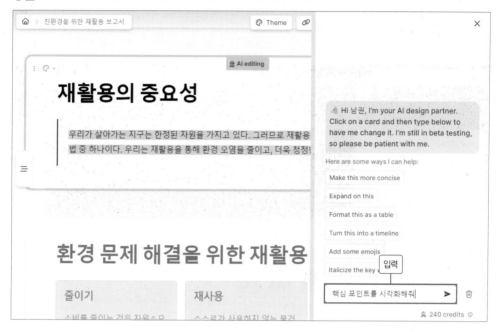

03 │ 그림과 같이 일반 문장에서 중요한 키워드를 뽑아 번호를 넣어 시각적으로 눈에 잘 보이도록 구성됩니다. 지금까지 작성한 문서를 검토하기 위해 [목차] 탭을 클릭합니다.

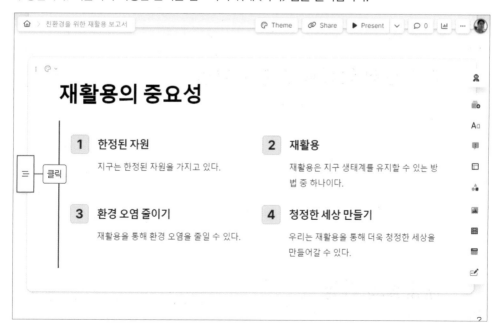

목차 확인과 문서 저장하기

01 | 목차가 표시되면 목차 위에 마우스 커서를 위치시켜 간략하게 문서를 미리 보기 형식으로 확인합니다.

02 | 문서를 저장하기 위해 〔⋯〕아이콘을 클릭한 다음 팝업 메뉴에서 〔Export PDF〕를 클릭합니다. 내 PC의 〔다운로드〕 폴더에 문서 작업물이 다운로드됩니다.

❶ AI를 이용하여 주제에 맞는 보고서 목차 초안 작성

친환경을 위한 재활용 보고서

지구 생태계를 위해 우리는 재활용이라는 방법을 선택하여 지속가능한 세상을 만들고 있습니다. 이 보고서에서는 재활용의 중요성과 그에 따른 이점을 살펴보자.

🌏 **by 남권 김**

❷ 문장에서 키워드를 추출하여 시각화 형태로 재구성 요청

재활용 방법

- 먼저 종이, 금속, 유리, 플라스틱 등 재활용 가능한 쓰레기를 분리 수거합니다. 이 과정에서, 재활용이 불가능한 쓰레기는 다른 처리 방법으로 처리됩니다.
- **그 다음, 분리한 쓰레기를 압축하거나 세척해서 재활용 공장으로 운반합니다.** 이 과정에서, 쓰레기를 압축하면 운반 비용을 줄일 수 있고, 세척하면 재활용 공장에서의 처리 과정을 간편하게 만들어 줍니다.
- 고체화된 폐기물은 분쇄해서 원료를 추출합니다. 이 과정에서, 폐기물을 분쇄하면 용이하게 처리할 수 있고, 분쇄한 원료는 재활용 가능한 원료로 재생됩니다.
- 추출된 원료는 새로운 제품을 만드는데 사용됩니다. 이 과정에서, 재활용 가능한 원료로 만든 제품은 새로운 제품으로 태어나고, 이는 자원의 효율적인 사용을 가능하게 합니다.

재활용의 중요성

1 한정된 자원
지구는 한정된 자원을 가지고 있다.

2 재활용
재활용은 지구 생태계를 유지할 수 있는 방법 중 하나이다.

3 환경 오염 줄이기
재활용을 통해 환경 오염을 줄일 수 있다.

4 청정한 세상 만들기
우리는 재활용을 통해 더욱 청정한 세상을 만들어갈 수 있다.

❸ 평범한 문장을 강조하기 위해 강조 박스 형태로 재구성 요청

환경 문제 해결을 위한 재활용

줄이기
소비를 줄이는 것은 자원소모 및 폐기물 감소에 이바지한다.

재사용
스스로가 사용하지 않는 물건을 다른 사람이 사용할 수 있도록 함으로써, 쓰레기 발생을 줄일 수 있다.

재활용
재활용 가능 쓰레기를 정확하게 분리수거하여 재활용을 촉진한다.

재활용의 이점

자원 절약
재활용을 통해 우리는 많은 에너지를 절약할 수 있습니다. 예를 들어, 폐지 1톤을 재활용함으로써, 17그루의 나무에 해당하는 수소집합 활성 에너지를 절약할 수 있습니다.

대기오염 감소
재활용을 할 경우, 매립장으로의 쓰레기 이동이 감소하며 대기오염을 줄일 수 있습니다.

새로운 일자리 창출
재활용 산업은 많은 일자리를 창출합니다. 폐기물 분류 및 처리과정을 위한 노력으로 인한 일자리 창출 뿐만 아니라, 재활용 가능한 광물을 새로운 제품으로 만드는 제조 과정에서도 일자리가 만들어집니다.

유튜브 상품 홍보 영상을 제작하려면?

캔바의 AI 기능을 활용하면 영상 편집에 있어서 별도의 영상 소스나 이미지, 그리고 광고 문구를 준비하지 않아도 됩니다. AI 기능을 통해 사용자는 관련된 영상을 제안받을 수 있으며, 필요한 문구도 자동으로 작성할 수 있습니다. 이러한 기능은 특히 비디오 및 그래픽 디자인에 익숙하지 않은 사람들에게 매우 유용합니다.

영상 제작 및 편집을 위해서는 다양한 디자인 요소가 필요하며, 이러한 요소들을 적절하게 활용하고 조합하는 것이 중요합니다. 프레임을 구성하는 이미지는 주제에 맞게 선택되어야 하며, 다양한 디자인 요소들을 추가하여 시각적인 효과를 높일 수 있습니다. 또한, 영상 속에 다른 영상을 삽입하여 전문성과 다양성을 더할 수도 있습니다. 홍보에 필요한 문구들은 명확하고 효과적인 메시지를 전달하기 위해서 AI와 협업을 통해 신중히 작성되어야 합니다.

캔바의 동영상 편집 기능은 다양한 요소들을 제공하며, 사용자에게 주제에 맞는 이미지, 디자인 요소, 그리고 영상을 제시합니다. 특히 Magic Write 기능은 AI를 활용하여 전문적인 문구를 작성하는 데 도움을 줍니다. 이 기능을 통해 사용자는 영상 제작 과정에서 필요한 문구나 문장을 원하는 주제에 맞게 작성할 수 있습니다. 캔바의 동영상 편집 기능과 Magic Write 기능을 이용하면 사용자는 전문적인 영상을 제작하면서 필요한 문구를 손쉽게 작성할 수 있습니다. 이를 통해 홍보나 광고 영상을 보다 효과적으로 구성하고 매력적으로 완성할 수 있습니다.

유형에 맞게 영상 제작하기

01 캔바를 실행하기 위해 브라우저에서 'canva.com'을 입력한 다음 홈 화면이 표시되면 동영상 제작을 위해 (동영상)을 클릭한 다음 동영상 유형에서 (YouTube 동영상)을 클릭합니다.

02 빈 영상이 화면에 표시됩니다. 입력창에 '화장품 홍보'를 입력하여 왼쪽 메뉴창에 관련 템플릿을 표시하고 원하는 템플릿 영상을 선택합니다.

제시된 영상을 프레임에 위치시키기

01 │ 사용할 템플릿을 타임라인의 첫 번째 프레임으로 드래그하여 위치시킵니다. (재생) 아이콘을
클릭하여 문자와 이미지 동영상을 재생해 봅니다.

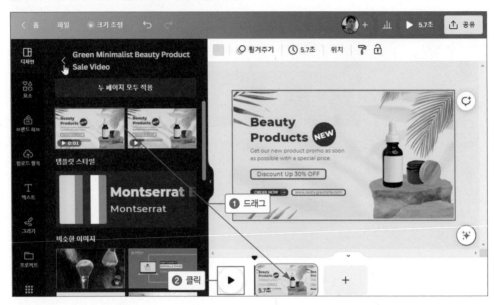

02 │ 입력창에 '피부 미용'을 입력하고 인물 동영상이 포함된 템플릿을 선택합니다. 해당 템플릿을
타임라인의 두 번째 프레임으로 드래그하여 위치시킵니다.

03 〔재생〕 아이콘을 클릭하면 첫 번째 영상과 두 번째 영상이 연결되어 재생됩니다. 타임라인의 시간 표시자를 드래그하면 화면에 해당 장면이 표시됩니다.

영상 전환 효과 적용하기

01 첫 번째 영상과 두 번째 영상이 자연스럽게 연결될 수 있도록 영상과 영상 사이를 클릭한 다음 〔전환 추가〕 아이콘을 클릭합니다.

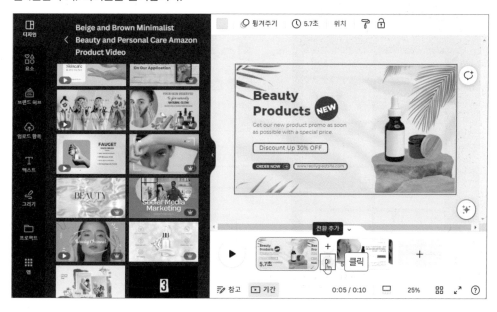

02 | 전환 메뉴가 표시되면 영상이 전환될 때 원하는 그래픽 효과를 선택합니다. 예제에서는 이미지와 영상, 문자가 따로따로 흐르듯이 화면이 변경되는 (흐름) 효과를 선택하였습니다.

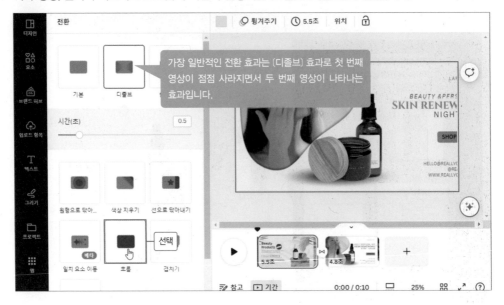

문장 수정하기

01 | 시간 표시자를 첫 번째 영상에 위치시킨 다음 문자를 변경하기 위해 문자 영역을 클릭합니다. 문자가 블록으로 지정됩니다.

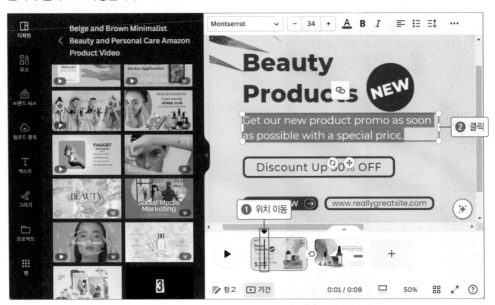

02 │ 화면 상단에 폰트와 문자 크기를 설정하여 문장을 입력합니다. 만약 문자 설정 없이 입력하면 템플릿의 문자의 속성을 유지하면서 문자가 입력됩니다.

이미지 교체하기

01 │ 화장품 이미지를 교체해 보겠습니다. 교체될 이미지를 선택한 다음 (어시스턴트) 아이콘을 클릭합니다.

02 | AI 어시스턴트 메뉴가 표시되면 '무엇이든 검색하세요' 입력창에 '화장품 용기'라고 입력한 다음 Enter 를 누릅니다.

03 | 다양한 이미지를 확인하기 위해 (모두 보기)를 클릭합니다. 왼쪽 메뉴에 다양한 화장품 용기를 제시합니다. 원하는 형태의 화장품 용기를 클릭하면 작업 영역에 추가됩니다. 교체하려는 이미지를 클릭하여 선택한 다음 Delete 를 눌러 삭제합니다.

04 | 새롭게 추가된 화장품 용기를 클릭한 다음 드래그하는 방법으로 이미지 크기와 위치를 조절합니다.

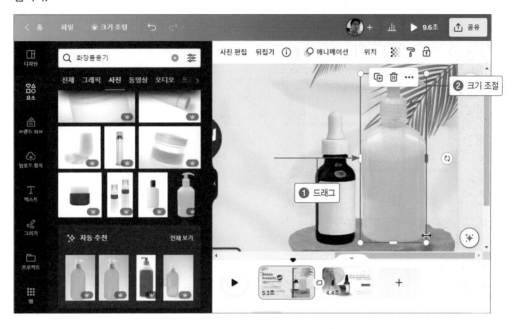

레이어에 맞게 인물 교체하기

01 | 여성이 등장하는 영상을 남성 이미지로 교체해 보겠습니다. 타임라인의 시간 표시자를 두 번째 영상 프레임에 드래그하여 위치시킵니다.

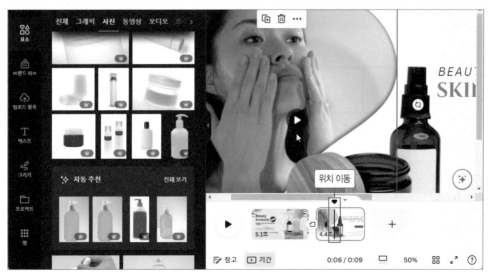

02 | 〔AI 어시스턴트〕 아이콘을 클릭한 다음 입력창에 '남성피부 관리'라고 입력하였습니다. 남성이 등장하는 이미지가 표시되면 해당 이미지를 클릭합니다.

03 | 남성 이미지가 작업 영역에 추가되면 남성 이미지에서 마우스 오른쪽 버튼을 클릭하여 표시되는 팝업 메뉴에서 〔레이어〕 → 〔뒤로 보내기〕를 선택합니다.

04 | 남성 이미지를 타원 영역 위치로 드래그하면 얼굴 부분만 표시되는 것을 확인할 수 있습니다.

AI 기능으로 홍보 문장 작성하기

01 | 남성 이미지가 적용되었다면 AI 기능을 이용하여 홍보 문장을 작성해 보겠습니다. 두 번째 영상에서 템플릿 문자를 클릭한 다음 Delete를 눌러 기존 문자를 삭제합니다.

02 | 기존 템플릿 문자가 삭제되면 (AI 어시스턴트) 아이콘을 클릭한 다음 팝업 메뉴에서 (Magic Write로 편집)을 선택합니다.

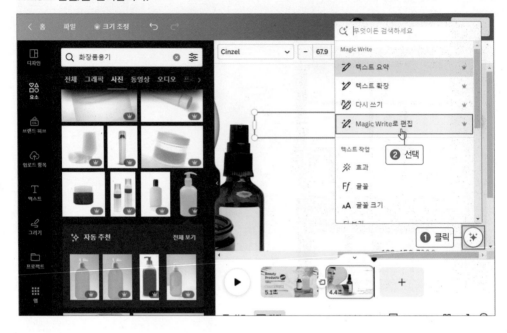

03 | 입력창에 '천연 화장품 효능'이라고 입력한 다음 Enter를 누릅니다.

04 | 그림과 같이 AI 기능이 천연 화장품의 효능을 주제로 문장을 만들어 문장 박스에 제시하였습니다.

문자 크기와 색상 수정하기

01 | 입력된 문장의 글자 크기를 키우기 위해 문자 크기 옵션을 '30'으로 설정합니다. 문자 크기가 커질수록 문장 박스도 늘어납니다. 문장 박스를 드래그하여 위치를 조정합니다.

02 │ 문자 색상을 지정하기 위해 상단 메뉴의 (텍스트 색상)을 클릭한 다음 원하는 컬러 박스를 선택합니다. 예제에서는 갈색 컬러를 지정하였습니다.

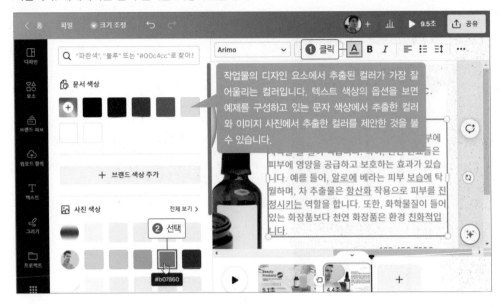

애니메이션 효과 적용하기

01 │ 문자 색상이 적용되었다면 두 번째 영상에 애니메이션 효과를 적용하기 위해 상단 메뉴에서 (애니메이션)을 클릭합니다.

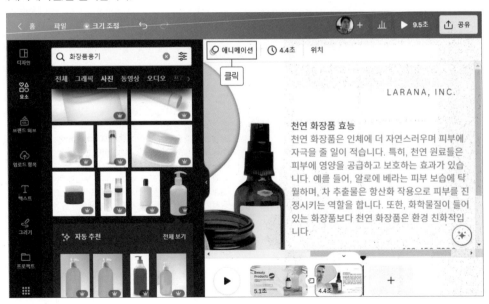

02 │ 왼쪽 메뉴의 페이지 애니메이션 항목이 표시되면 원하는 애니메이션 효과를 선택합니다. 예제에서는 〔세련됨〕을 선택하여 영상을 구성하는 요소들이 아래에서 위로 자연스럽게 이동되는 애니메이션 효과를 적용하였습니다.

영상 분할하기

01 │ 첫 번째 영상을 두 개의 영상으로 분할한 다음 배경을 변경해 보겠습니다. 타임라인의 시간 표시자를 첫 번째 영상 프레임의 중간에 위치시킨 다음 마우스 오른쪽 버튼을 클릭하여 〔페이지 분할〕을 선택합니다.

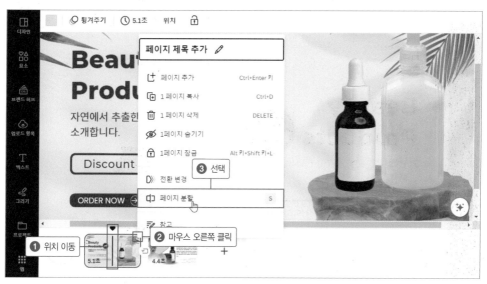

02 | 그림과 같이 하나의 영상이 두 개의 영상으로 나뉜 것을 확인할 수 있습니다. 분할된 두 번째 영상을 클릭합니다.

분할된 영상의 배경 교체하기

01 | 연두색의 배경 이미지를 클릭한 다음 Delete를 눌러 배경 이미지를 삭제합니다. 그림과 같이 흰색으로 배경이 표시될 때까지 Delete를 눌러 삭제합니다.

02 〔AI 어시스턴트〕아이콘을 클릭한 다음 입력창에 '화장품 배경'을 입력합니다. 화장품 배경 이미지를 제시하면 해당 이미지를 클릭합니다.

03 배경 이미지가 작업 영역에 추가되었습니다. 배경 이미지의 모서리 부분을 드래그하여 영상 크기에 맞게 채워지도록 조정합니다.

04 │ 배경 이미지가 채워졌다면 마우스 오른쪽 버튼을 클릭하여 표시되는 팝업 메뉴에서 (레이어) → (맨 뒤로 보내기)를 선택합니다.

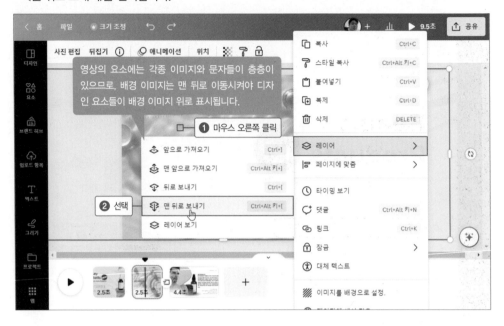

05 │ 그림과 같이 분할된 영상의 배경이 변경된 것을 확인할 수 있습니다. (재생) 아이콘을 클릭하여 전체 영상을 확인합니다.

MP4 영상으로 다운로드하여 저장하기

01 　영상에 문제가 없다면 동영상 파일로 저장하기 위해 상단 메뉴에서 (공유) 버튼을 클릭한 다음 파일 형식을 'MP4 동영상'으로 지정하고 (다운로드) 버튼을 클릭합니다.

02 　영상이 렌더링되면서 내 PC로 다운로드되는 것을 확인할 수 있습니다. 상품 홍보 동영상이 완성되었습니다.

❶ 원하는 형태의 제품 용기를 추천 받아 이미지에 삽입

❷ 각각의 디자인 요소가 따로 이동하는 장면 전환 효과를 적용

❸ 여성 모델을 남성 모델로 교체하기 위해 AI를 이용한 제안

❹ AI를 통해 제품 효능에 대한 홍보 문구 초안 작성

찾아보기

Foreign Copyright:
Joonwon Lee
Address: 3F, 127, Yanghwa-ro, Mapo-gu, Seoul, Republic of Korea
            3rd Floor
Telephone: 82-2-3142-4151, 82-10-4624-6629
E-mail: jwlee@cyber.co.kr

빙&챗GPT를 믹스Mix하라

2023. 7. 5. 초 판 1쇄 인쇄
2023. 7. 12. 초 판 1쇄 발행

지은이 | 앤미디어, 문택주, 이문형
펴낸이 | 이종춘
펴낸곳 | **BM** ㈜도서출판 **성안당**

주소 | 04032 서울시 마포구 양화로 127 첨단빌딩 3층(출판기획 R&D 센터)
      | 10881 경기도 파주시 문발로 112 파주 출판 문화도시(제작 및 물류)

전화 | 02) 3142-0036
      | 031) 950-6300
팩스 | 031) 955-0510
등록 | 1973. 2. 1. 제406-2005-000046호
출판사 홈페이지 | www.cyber.co.kr
ISBN | 978-89-315-5849-4 (13000)
정가 | 22,000원

이 책을 만든 사람들
책임 | 최옥현
진행 | 김상민
기획 · 진행 | 앤미디어
교정 · 교열 | 앤미디어
본문 디자인 | 앤미디어
표지 디자인 | 앤미디어
일러스트 | 김학수, 박범희
홍보 | 김계향, 유미나, 정단비, 김주승
국제부 | 이선민, 조혜란
마케팅 | 구본철, 차정욱, 오영일, 나진호, 강호묵
마케팅 지원 | 장상범
제작 | 김유석

www.cyber.co.kr ★★★
성안당 Web 사이트

■ **도서 A/S 안내**

성안당에서 발행하는 모든 도서는 저자와 출판사, 그리고 독자가 함께 만들어 나갑니다.
좋은 책을 펴내기 위해 많은 노력을 기울이고 있습니다. 혹시라도 내용상의 오류나 오탈자 등이 발견되면 **"좋은 책은 나라의 보배"**로서 우리 모두가 함께 만들어 간다는 마음으로 연락주시기 바랍니다. 수정 보완하여 더 나은 책이 되도록 최선을 다하겠습니다.
성안당은 늘 독자 여러분들의 소중한 의견을 기다리고 있습니다. 좋은 의견을 보내주시는 분께는 성안당 쇼핑몰의 포인트(3,000포인트)를 적립해 드립니다.
잘못 만들어진 책이나 부록 등이 파손된 경우에는 교환해 드립니다.